au lycé

LEXI-HOTEL
FRANÇAIS - ANGLAIS

CASTEILLA

chez le même éditeur

Lexi-Hôtel espagnol
C. Pierre et M-.L. Sobier-Le Poullouin

Lexi-Tourisme espagnol
C. Pierre et M-.L. Sobier-Le Poullouin

ISBN : 978-2-7135-2706-7
© Éditions Casteilla – 5, allée de la 2e D.B. - 75015 Paris
© 1993 pour la première édition

Toute reproduction, même partielle, de cet ouvrage est interdite. Une copie ou reproduction par quelque procédé que se soit, photocopie, microfilm, bande magnétique, disque ou autre, constitue une contrefaçon passible des peines prévues par la loi du 11 mars 1957 sur la protection des droits d'auteurs.

AVANT-PROPOS

Lexi hotel est conçu comme un outil de référence pour les futurs professionnels de l'hôtellerie et de la restauration. Il est utile à tous les niveaux : BEP, Bac Professionnel, Bac Technologique, BTS.

Sans prétendre à l'exhaustivité, la langue technique évoluant régulièrement, cet ouvrage doit permettre un apprentissage organisé et approfondi du vocabulaire anglais moderne de l'hôtellerie et de la restauration.

Au sein de chaque grand centre d'intérêt, le vocabulaire est classé par thème et par ordre alphabétique, du français vers l'anglais.

D'autre part, deux index alphabétiques anglais et français recensent la plupart des termes cités dans l'ouvrage.
En fonction des besoins du lecteur, ce lexique peut donc être exploité dans le sens français/anglais ou anglais/français.

Ce lexique s'avérera également utile pour les professionnels qui souhaitent avoir accès rapidement à des informations ponctuelles, dans des situations pratiques.

Nous souhaitons que cet ouvrage réponde à l'objectif que nous nous sommes fixé : l'accès rapide et précis à un vocabulaire spécifique, indispensable pour maîtriser l'anglais de la profession hôtelière.

Les auteurs

Remerciements

Nous souhaitons remercier nos collègues du Lycée d'Hôtellerie et de Tourisme de Saint-Quentin-en-Yvelines, ainsi que M. et Mme Coe, pour leurs remarques et observations précieuses.

Abréviations

Sth : Something
Sb : Somebody
BV : Base verbale
Pl. : Pluriel
adj. : adjectif
e.g. : par exemple / for example

SOMMAIRE

L'HÔTELLERIE | THE HOTEL INDUSTRY

L'hébergement — **The accommodation**

Les établissements	The types of hotels ... 10
La réception	Reception ... 13
Le téléphone	The telephone ... 15
La chambre	The bedroom ... 17
La salle de bain	The bathroom ... 21

La gestion de l'hôtel — **The management of the hotel**

Le marketing	Marketing ... 24
L'administration	The administration
L'informatique	Data processing ... 28
La comptabilité	Accounting ... 31
L'assurance	Insurance ... 34
L'impôt/les taxes	Taxes ... 35
Le courrier	The mail ... 36
L'entretien	Maintenance
Entretenir	To maintain ... 37
L'hygiène et le manque d'hygiène	Hygiene and the lack of hygiene ... 38
Les dommages	Damage ... 39
Les réclamations	Complaints ... 39
Matériel et produits d'entretien	Cleaning materials and products ... 40
Les installations	Fittings ... 41
La blanchisserie	The laundry department ... 42
Les vêtements	Clothes ... 44
L'uniforme	The uniform ... 46

Les risques	Risks/hazards	
Le feu	Fire	47
L'eau	Water	48
Le vol	Theft/Robbery	48
Les bijoux	Jewels	49
Les attentats	Terrorist attacks	49
La peur	Fear	50
Les secours	Assistance	51

LA CUISINE / THE FOOD INDUSTRY

Les installations	Fittings	53
Les appareils de cuisine	Kitchen implements	53
Les ustensiles	Utensils	55
Les matériaux	Materials	57
Les préparations	Preparations	57
La conservation	Preservation	61
L'emballage	Packaging	61
Les épices	Spices	62
Les légumes	Vegetables	63
Les condiments	Pickles	65
Les fruits	Fruit	66
Les fruits secs	Dried fruit	68
Les poissons	Fish	68
Les coquillages	Shellfish	70
Les œufs	Eggs	71
La viande	Meat	
Les morceaux de viande	The meat cuts	72
La volaille	Poultry/fowl	75
Le gibler	Game	75

LA RESTAURATION	**THE CATERING INDUSTRY**	
Le pub	**The pub**	78
Le bar	**The bar**	
Les accessoires	Implements	79
Les ingrédients	Ingredients	80
Les préparations	Preparations	80
Le restaurant	**The restaurant**	
La salle de restaurant	The dining room	81
Le service	The service	82
La vaisselle	Tableware	83
Les régimes	Dietary habits	85
Les repas	Meals	85
Les sauces	Sauces	87
Les mets salés	Savouries	88
Les plats d'accompagement	Side dishes	88
Les produits laitiers	Dairy produce	89
Les pâtisseries	Pastries	91
Le pain	Bread	94
La farine	Flour	95
La pâte	The dough/Pastry	95
Le sucre	Sugar	95
Les sucreries	Sweets/Confectionery	96
Les goûts	Tastes	96
Les boissons	Drinks/Beverages	97
L'eau	Water	98
Les alcools	Liqueurs/spirits	99

LA CLIENTELE

Le séjour
Le client
Les centres médicalisés
Les conférences
Les centres de remise en forme
Les loisirs
   Les distractions de plein air
   Les distractions d'intérieur
   Les jeux d'équipe
   Les sports aquatiques
   Les salles de remise en forme

THE CLIENTELE

The stay	106
The client	107
Community health centres	108
Conferences	109
Health centres / spas	111
Leisure	
Outdoor entertainments	114
Indoor entertainments	116
Team games	117
Water sports	118
Fitness centres	118

LE MONDE DU TRAVAIL

L'éducation et la formation
L'emploi
Le personnel de cuisine
Le personnel de restaurant
Le personnel de l'hôtel
   Le personnel en contact avec le public
   Le personnel en contact limité avec le public

INDEX ANGLAIS
INDEX FRANÇAIS

LABOUR

Education and training	121
Employment	123
The kitchen staff	127
The dining room staff	128
The hotel staff	
The front of the house staff	128
The back of the house staff	129

INDEX   **132**
   148

THE
HOTEL
INDUSTRY

L'HEBERGEMENT
THE ACCOMMODATION

LES ÉTABLISSEMENTS | THE TYPES OF HOTELS

au 2e étage	on the second floor
	on the second storey
une aile du bâtiment	a wing
un ascenseur	an elevator (US)
	a lift (GB)
une auberge	an inn
de jeunesse	a youth hostel
	a YMCA (Young Men's Christian Association)
	a YWCA (Young Women's Christian Association)
une boutique	a shop
	a boutique
une cabine téléphonique	a phone box
	a phone booth
un camping	a camp site
le centre de la ville	the town centre
	the city centre
au centre de la ville	downtown (adj. or adv.)
un centre de loisirs	a leisure centre
une chaîne intégrée	a hotel chain
une chaîne volontaire	a consortium (pl. : consortia)
une chambre d'hôte	a bed and breakfast
un château hôtel	a country house hotel

classer	to classify
	to rate (the hotel was rated three-star)
la classification	the rating
un couloir	a corridor
un couloir pour taxis	a taxi rank
un dais	a canopy
l'entrée de l'hôtel	the entrance to the hotel
les équipements	the facilities
les équipements de base	the amenities
l'escalier	the stairs
de secours	the fire escape
de service	the backstairs
un escalier roulant	an escalator
un étage	a storey / a floor
	a story (US)
une fenêtre	a window
une fenêtre en saillie	a bow window
	a bay window
une fenêtre à guillotine	a sash window
une ferme	a farmhouse
une filiale	a subsidiary
une franchise	a franchise
le hall d'accueil	the lobby
	the atrium
un hôtel	a hotel
à 2 étages	a two-storeyed hotel
à la campagne	a hotel in the country
appartenant à une chaîne	a chain hotel
trois étoiles	a three-star hotel
au bord de la mer	a hotel by the seaside
au bord de la route	a hotel by the roadside
bien équipé	a well-appointed / a well-equipped hotel
classé monument historique	a listed hotel
confortable	a comfortable hotel
dans un lieu de villégiature	a resort hotel
de confiance	a reliable hotel
de cure	a spa hotel

de luxe	a luxurious hotel
	a luxury hotel
	a de-luxe hotel
en ville	a hotel in town
facile d'accès	a hotel easily accessible
familial	a family-owned hotel
indépendant	an independent hotel
modeste	a budget hotel
recommandé	(highly) recommended by
situé à Londres	located in London
	situated in London
transformé	turned into
un hôtel boutique	a boutique hotel (hotel de charme luxueux)
l'hôtel est entouré d'un parc	the hotel is surrounded by a park
la demeure a été transformée en hôtel	*the mansion was turned into a hotel*
le lieu	the location
un motel	a motel
la multipropriété	multi-ownership
	time-sharing
un palier	a landing
une pension	a guest house
le perron	the steps
la porte d'entrée	the entrance door
	the front door
une porte fenêtre	a french window (*f en minuscule*)
une porte tambour	a revolving door
une porte vitrée	a glass door
une rampe d'accès	a ramp
une récompense	an award
récompenser	to award (the hotel was awarded a third star)
restaurer	to restore
	to refurbish
un salon	a lounge
la société mère	the parent company

un sous-sol	a basement
une terrasse	a terrace
les toilettes	the toilets
	the rest room
	the bathroom
	the comfort room
le vestiaire	the cloakroom

LA RÉCEPTION / RECEPTION

accueillir	to welcome
	to greet
l'adresse	the address
annuler	to cancel
un bon d'agence	a voucher
un bon de déduction	a deduction voucher
un bon de délogement	a referral voucher
une carte clé	a key card
	a key tag
une carte d'identité	an identity card (an ID)
un casier	a pigeonhole
changer de l'argent	to change money
une clé	a key
la clé de la chambre	the room key
un coffre	a safe
conduire qq. à sa chambre	to see sb up to his room
une confirmation	a confirmation
confirmer	to confirm
la date de naissance	the date of birth
une demande de renseignements	an inquiry
une devise	a currency
une empreinte (de carte de crédit)	an imprint
encaisser de l'argent	to cash in
une facture	an invoice

facturer	to invoice (sb for sth)
une fiche d'arrivée	an arrival form
une fiche de réservation	a reservation form
un forfait	a package
un formulaire	a form
une lettre de confirmation	a letter of confirmation
le livre des réservations	the reservation book
mettre la clef au tableau	to hang the key on the keyboard
le nom	the name
	the family name
	the second name (US)
la non venue du client	no show
payer	to pay
en espèce	to pay cash
par carte	to pay by card
par chèque	to pay by cheque
le petit déjeuner est compris	breakfast is included
un porte clefs	a keyboard
pratiquer la surlocation	to overbook
le prénom	the christian name (GB)
	the first name (US)
le prix de la chambre	the room rate
la réception	the reception
	the front office
la réception (le comptoir)	the reception desk
une réduction de 10%	a ten percent reduction/rebate
remplir les formalités d'arrivée	to check in
les formalités de départ	to check out
un formulaire	to fill in a form
une réservation	a reservation
	a booking
réserver	to reserve, to book
réserver par l'intermédiaire d'une agence	to book through an agency
une signature	a signature

signer	to sign
	to put down one's name
un supplément	a supplement
la surlocation	overbooking
le tableau des réservations	the reservation chart
le taux d'échange	the exchange rate
le taux d'occupation	the occupancy rate
un taux préférentiel	a preferential rate
un trousseau de clés	a bunch of keys
vérifier	to check
verser des arrhes /	
verser un acompte	to pay a deposit
le prix affiché	the rack rate
réservation par internet	on-line reservation

LE TÉLÉPHONE / THE TELEPHONE

un abonné	a subscriber
un appel	a call
longue distance	a long distance call
interurbain	a trunk call
en PCV	a reverse charge call (GB)
	a collect call (US)
un bottin	a telephone directory
une cabine téléphonique	a telephone box/booth
un combiné	a telephone receiver
une communication	a telephone exchange
	a call
composer un numéro	to dial a number
un délai d'attente	a delay
le demandeur	the caller
faire payer à	to charge to/on
une fiche de message	a message form

un indicatif	a code number
un jeton	a token
laisser un message	to leave a message
la ligne	the line
est en dérangement	is out of order
est occupée	is engaged
est saturée	is congested
mettre qqu'un en communication	to put sb through (to)
le micro	the mouthpiece
le montant de la communication	the charge
un numéro	a telephone number
une pièce de monnaie	a coin
insérer la pièce dans la fente	to insert the coin in the slot
raccrocher	to hang up
les renseignements	the information service
un réveil téléphonique	an early morning call
un standard	a switchboard
le tarif du téléphone	the telephone rate
un téléphone automatique	an automatic telephone
un téléphone cellulaire	a cell phone
un téléphone mobile	a mobile phone
un adaptateur	an adapter
appel de correspondants	memory dialling
	speed calling
un appel de l'extérieur	an incoming call
l'autonomie de la batterie	standby time
une boîte vocale	a voice recorder
une carte rechargeable	a refill card
une carte téléphonique	a pre-paid phone card
un chargeur	a charger
connecter	to connect
déconnecter	to disconnect
envoyer un SMS	to send an SMS message
	to send a text message
	to text

une housse de téléphone	a mobile phone case
	a mobile phone pouch
le journal des appels	voice back announcement
la ligne fixe	the land line
un message de confirmation	a return message
	a confirmation message
un rappel automatique	an automatic recall
le répertoire	the repertory
le répertoire vocal	voice dialling
un signal d'appel	a flashing message light
la sonnerie	the ring
la sonnerie (personnalisée)	the ring tone
un téléphone mains libres	a handsfree speaker
le temps du forfait	the airtime
utilisation en heures creuses	off peak usage
le verrouillage	locking
un vibreur	a vibrator
le téléphone sonne	the telephone is ringing
un témoin lumineux	a lamp signal
le témoin lumineux clignote	the lamp signal is flashing
une tonalité	a dialling tone
transmettre un message	to pass a message
	to give a message
	to deliver a message
il est en train de téléphoner	he's on the phone
je n'ai pas pu avoir la communication	I couldn't get through
ne quittez pas !	hold on !
pourriez-vous épeler votre nom	would you spell your name please
vous êtes en communication	you are connected
	you are through

LA CHAMBRE / THE BEDROOM

un abat-jour	a lamp shade
anti inflammable	flame retardant

un appartement	an apartment (US)
	a flat (GB)
un appartement équipé d'une cuisine	a self catering flat
un assortiment de couleurs	a colour coordination
une banquette lit	a sofa bed
un berceau	a crib
une chambre à lits jumeaux	a twin (-bedded) room
double	a double
familiale	a family room
quadruple	a quadruple
simple	a single
triple	a triple
les chambres doivent être libérées à midi	rooms must be vacated by noon
un chevet	a bedside table
un cintre	a (coat) hanger
un coffre fort	a safe
une coiffeuse	a dressing table
une commande à distance	a remote control
une commode	a chest of drawers
une couverture	a blanket
une couette	a continental quilt
un couvre-lit	a bedcover
	a bedspread
un crayon	a pencil
un distributeur de boissons	a drink(s) dispenser
des doubles rideaux	drapes
un drap	a (bed) sheet
un duvet	an eiderdown
	a duvet
en acajou	mahogany
en bois	wooden (wood = le bois)
en chêne	oak
en contre plaqué	plywood
en ébène	ebony
en frêne	ash wood
en marbre	marble

en pin	pine
en teck	teak
une enveloppe	an envelope
une étagère	a shelf
une lampe	a lamp
une lampe de chevet	a bedside lamp
du linge	linen
un lit	a bed
à baldaquin	a four poster bed
a deux places	a double bed
d'enfant	a cot
pliant	a folding bed
	a fold down bed
rempli d'eau	a water bed
supplémentaire	an extra bed
la literie	bed linen
un livret d'accueil	a welcome booklet
un lustre	a chandelier
un matelas	a mattress
à ressorts	a coil mattress
	a spring mattress
de mousse	a foam mattress
les meubles, le mobilier	the furniture
un mini bar	a mini bar
du mobilier d'époque	period furniture
un nécessaire pour faire le thé ou le café	tea and coffee making facilities
ne pas déranger	do not disturb
des objets de valeur	valuables
un oreiller	a pillow
un oreiller en duvet	a down-filled pillow
du papier à lettres	stationery
	writing paper
une penderie	a wardrobe
un placard	a cupboard
un porte bagages	a luggage rack
un porte cravates	a tie rail

ranger	to store
	to put away
un réveil-matin	an alarm clock
un rideau	a curtain
un sommier	a divan base
à ressorts	a springing base
métallique	a mesh springing base
un store	a blind
un stylo	a pen
à encre	a fountain pen
à bille	a biro
feutre	a felt pen
une suite	a suite
une suite avec panorama	
sous les toits	a penthouse suite
une taie de traversin	a bolster case
une taie d'oreiller	a pillow case
un téléviseur	a television set
la tête de lit	the head board
un timbre	a stamp
un tiroir	a drawer
un traversin	a bolster
une tringle à rideau	a curtain rail
	a curtain rod
un valet	a trousers press
des voilages	net curtains
	lace curtains
	see-through curtains
un volet	a shutter
veuillez faire la chambre	please do the bedroom

LA SALLE DE BAINS — THE BATHROOM

des accessoires de toilette	toiletries
une aération	an air vent
une baignoire	a tub
	a bath
du bain moussant	foam bath
un bidet	a bidet
un bloc douche	a shower unit
une bonde	a plug
un bonnet de douche	a shower cap
une bouillote	a hot water bottle
une brosse à chaussures	a shoe brush
à cheveux	a hair brush
à dents	a toothbrush
à ongles	a nail brush
se brosser les ongles	to clean one's nails
une cabine de douche	a shower tub
une chaise	a chair
une chasse d'eau	a flush
le chauffage infrarouge	infra-red heating
du cirage	shoe-shine
	shoe-polish
des ciseaux	a pair of scissors
des cosmétiques	cosmetics
	make up
du coton	cotton wool
un coupe ongles	nail clippers
un crayon pour les yeux	an eye liner
une cuvette	a toilet
un désodorisant	a freshener
du dissolvant	nail varnish remover
un distributeur de mouchoirs en papier	a tissue holder
un drap de bain	a bath towel

enfiler un peignoir	to put on one's bathrobe
faire couler le bain	to run the bath
se faire les ongles	to trim one's nails
un gant de toilette	a face flannel
du gel douche	shower soap
	shower gel
une lame de rasoir	a razor blade
un lavabo	a washstand
se laver	to wash
se laver les mains	to wash one's hands
une lime à ongles	a nail file
de l'ombre à paupières	eye shadow
se maquiller	to make up
un miroir	a mirror
un mitigeur	a mixer tap
un néon	a neon light
un panier à linge	a linen basket
du parfum	perfume
une patère	a peg
un peigne	a comb
se peigner	to comb one's hair
un peignoir	a bathrobe
une pince à épiler	tweezers
une plinthe	a skirting board
un pommeau de douche	a shower head
un porte manteau	a hook
un porte savon	a soap dish
un porte serviette	a towel holder
une poubelle	a waste paper basket
prendre un bain	to have a bath
prendre une douche	to have a shower
une prise rasoir	a shaver point
une prise murale	a socket
brancher (un appareil)	to plug in
des produits d'accueil	welcome products
	personal care products
des produits d'entretien	

pour les chaussures	shoe shine items
un radiateur	a radiator
un rail de douche	a shower rail
se raser	to shave
un rasoir	a shaver
un rideau de douche	a shower curtain
un robinet	a tap (GB)
	a faucet (US)
un rouge à lèvres	a lipstick
un rouleau de papier	a toilet roll
du savon	soap
un sèche cheveux	a hair dryer
du shampooing	shampoo
le siège abattant de la cuvette	the toilet seat
une tablette	a shelf
un tapis de bain	a bath mat
une trousse de manucure	a manicure case
	a manicure set
se vernir les ongles	to polish one's nails
du vernis à ongles	nail varnish
un verre à dents	a toothbrush glass
	a tumbler

LA GESTION DE L'HOTEL
THE MANAGEMENT OF THE HOTEL
THE RUNNING OF THE HOTEL

LE MARKETING | MARKETING

une amélioration	an improvement
améliorer	to improve
une annonce publicitaire	an advertisement
	an ad
un arriéré	a backlog
un atout	an asset
atteindre un objectif	to attain an objective
	to achieve an objective
augmenter	to increase
avoir pour objectif de	to aim at + ing
une baisse des prix	a fall/drop in prices
le baromètre du marché	the barometer of the market
les besoins	the needs
(qui a) un bon rapport qualité prix	good value for money
la Bourse	the Stock Exchange
un budget publicitaire	an advertising budget
un but	an aim
une campagne publicitaire	an advertising campaign
une cible	a target
cibler	to target

LA CLASSE SOCIALE   THE SOCIAL CLASS

la classe moyenne	the middle class
oisive	the leisure class
ouvrière	the labouring class
	the working class
la grande bourgeoisie	the upper middle class
la haute société	the upper class
la petite bourgeoisie	the lower middle class
le prolétariat	the lower class
une clientèle ciblée	a target clientele
une clientèle potentielle	a potential clientele
la compétitivité	competitiveness
la concurrence	competition
un concurrent	a competitor
un consommateur	a consumer
consommation	consumption
créer un marché	to make a market
un créneau	a niche
	a gap
un défi	a challenge
les dépenses publicitaires	the advertising expenditure
diminuer	to decrease
le distributeur	the retailer
une donnée	a fact, an element
un échantillon	a sample
efficace	efficient
empêcher les prix de monter	to keep prices down
une enquête	a survey
	a poll
	a gallup (US)
une enquête de faisabilité	a feasibility survey
une enquête exhaustive	a comprehensive survey
une étude de marché	a market research
une évaluation	an estimate
un éventail	a range
faire baisser les prix	to force prices down
fiabilité	reliability

fiable	reliable
un grossiste	a wholesaler
une hausse des prix	an increase in prices
l'image de marque	the brand image
une inconnue	an unknown fact
	an unknown element
	a variable element
investir	to invest
un investissement	an investment
un investissement rentable	a cost-effective investment
lancer un produit	to launch a product
un large éventail	a wide range
maintenir les prix fermes	to keep fixed prices
un marché	a market
un marché encombré	a glutted market
	a glut
le marché immobilier	the real estate market
mettre en vente	to put on for sale
motiver	to motivate
un moyen	a means (noter le « s » à la fin de ce mot singulier)
un objectif	an objective
l'offre et la demande	supply and demand
l'offre dépasse la demande	the supply exceeds the demand
le parrainage	sponsoring
une politique (stratégie)	a policy
une politique de commercialisation	a marketing policy
un portefeuille d'actions	a portfolio
poursuivre un objectif	to seek (I sought, sought) an objective
le pouvoir	power
le pouvoir d'achat	the purchase/purchasing power
les prix	prices

un prix de gros	a wholesale price
un prix de vente	a sales price
un prix prohibitif	a prohibitive price
un prix raisonnable	a reasonable price
les prix sont régis par	prices are governed by
les prix vont de … à	prices range from… to
projeter, prévoir	to plan
une promotion	a promotion
promouvoir	to promote
prospère	prosperous
	thriving
une prévision	an anticipation
	a forecast
	an expectation
une prévision à court terme	a short term forecast
une prévision à long terme	a long term forecast
une prévision à moyen terme	a medium term forecast
la prévision des prix	price expectations
prévoir	to foresee (I foresaw, foreseen)
	to anticipate
	to expect
	to forecast
gestion de l'offre et de la demande	yield management
la publicité	advertising
un questionnaire	a questionnaire
une récession	a slump
	a recession
recherche et développement	research and development (R&D)
un secteur	a sector
un secteur en expansion	a booming sector
	an expanding sector
un secteur en perte de vitesse	a falling sector
	a decreasing sector
un segment de marché	a market segment
un sondage	an opinion poll/ a Gallup (poll)
	a survey
stimulant	incentive (noun & adj.)

stratégique	strategic, strategical
des tarifs de publicité	advertising rates
une transaction	a business deal
une vague de prospérité	a boom
à vendre	on sale
une vente	a sale
une vente d'immeubles	a property sale
des ventes massives	heavy sales

L'ADMINISTRATION — THE ADMINISTRATION

L'INFORMATIQUE — DATA PROCESSING

un abonné	a subscriber
l'alimentation électrique	power supply
allumer	to switch on
une analyse	an analysis
analyser	to analyse
annuler	to cancel
en attente	standby
une banque de données	a data bank
une base de données	a data base
une cartouche	a cartridge
charger	to load
un clavier	a keyboard
connaissance informatique	computer literacy
connexion à haut débit	high speed connectivity
des consommables	supplies
une copie d'écran	a hard copy
un courriel	an e-mail
un curseur	a cursor
la date d'expiration	the expiry date
une décharge de responsabilité	disclaimer
un décodeur	a decoder

re-démarrer	to reboot
	to reset
détruire, supprimer	to delete
un diagramme	a flow chart
un disque dur	a hard disk
une disquette	a floppy disk
des données	data
un écran	a screen
un enregistrement	a record
entrée	input
entrée/sortie	I/O
entrer des données	to enter data
	to key in data
éteindre	to switch off
fermer	to close
un fichier	a file
une fonte/police de caractères	a font
formater	to format
un fournisseur d'accès	a provider
le graphisme	graphics
une haute performance	a high performance
haute résolution	high resolution
une imprimante	a printer
une imprimante laser	a laser printer
imprimer	to print
s'identifier	to log in
s'inscrire	to sign in
un lecteur de disquette	a floppy drive
un logiciel	software
du matériel d'informatique	hardware
la mémoire	memory
un micro (ordinateur)	a micro (computer)
un moniteur	a monitor
un moniteur performant	a high performing monitor
un mot	a word

un mot de passe	a password
un navigateur	a navigator
parcourir, surfer	to browse
un octet	a byte
un ordinateur	a computer
un ordinateur portable	a laptop computer
ouvrir	to open
(excel, word, etc.)	to be literate in
point	dot (ex : UK.com = UK dot com)
prêt	ready
	on line
un pare-feux	a fire wall
un problème système	a bug
la programmation	programming
un programme	a programme
un programmeur	a programmer
une puce	a chip
pourriel	spam
quitter	to quit
restaurer des données	to retrieve data
remettre à jour	to update
remplacer	to replace
un réseau	a network
réseaux sans fil	wi-fi (wireless fidelity)
savoir se servir de	
un sytème d'exploitation	an operating system
un saut de ligne	line feed
un saut de page	form feed
une sauvegarde	backup
sauvegarder	to save
un scanner	a scanner
une sélection de fichiers	a file selection
sélectionner	to select
un serveur	a server
sortie	output

une souris	a mouse
un stockage de données	data storage
un tableau	a worksheet
un tableur	a spreadsheet
une touche	a key
le traitement de texte	word processing
travail collaboratif à distance	rich media
une unité centrale	a central processing unit
valider	to validate

LA COMPTABILITÉ — ACCOUNTANCY (US) ACCOUNTING (GB)

un acompte	a down payment
l'actif	the assets
un actionnaire	a shareholder
un amortissement	depreciation
des arrhes	a deposit
un avoir	a credit note
avoir un découvert	to have an overdraft
un bail	a lease
un bien en toute propriété	a freehold
un bilan	a balance sheet
un bilan de liquidation	a statement of affairs
une bonne affaire	a bargain
un bulletin de commande	an order sheet
une carte de crédit	a credit card
une caution	a security
	a guarantee
un chèque	a cheque a check (US)
au porteur	a bearer cheque
barré	a crossed cheque
de banque	a banker's draft
de voyage	a traveller's cheque
en blanc	a blank cheque
un chéquier	a cheque book
le chiffre d'affaires	the turnover
	the revenue
un (compte à) découvert	a (bank) overdraft

un compte client	a customer account
de résultat	profit and loss account
en banque	a bank account
fournisseurs	an account payable
joint	a joint account
la consommation	consumption
contrôler	to check
le coût	the cost
un créancier	a creditor
une créance	an account receivable
une dette	a debt
des documents d'expédition	shipping documents
débit et crédit	debit and credit
des dépenses	expenses
l'écriture	booking
émettre un chèque	to issue a cheque
l'encaisse (liquide)	the cash reserve
encaisser	to cash
des entrées	entries
établir un chèque à l'ordre de	to make out a cheque to
une évaluation	an estimate
	an evaluation
	a valuation
une facture	an invoice
la facture pour douanes	the customs invoice
une faillite	bankruptcy
faire des bénéfices	to make profits
une feuille de paye	a wage sheet
une fiche	an index card
un fichier	a card index
des frais de déplacement	travelling expenses
frais de port	transport charges
frais de ventes	selling expenses
frais généraux	overhead costs
une fraude	a fraud
le grand livre	the general ledger
une hypothèque	a mortgage

l'insolvabilité	insolvency
insolvable	insolvent
des intérêts	interest charges
un journal	a journal sheet
	a day sheet
le journal des ventes	the sales ledger
le livre de comptes	the account book
la main courante	the cash book
la marge bénéficiaire	the profit margin
la monnaie	change
le passif	liabilities
une pension	a pension
se porter caution pour	to bail for
	to be surety for
un pourcentage	a percentage
présenter un solde	to show a balance
une prime	a bonus
un procés verbal/compte-rendu	minutes
un rabais	a discount
	a rebate
	a reduction
un rachat (de société)	a take-over
la raison sociale	the corporate name
un reçu	a receipt
un registre	a ledger
un relevé de caisse	a cash statement
un remboursement	a refund
rembourser	to refund
	to reimburse
rentrer dans ses frais	to break even
un salaire	wages
	a salary
le siège social	the registered office
	the head office
un solde	a balance
créditeur	a credit balance

net	a final balance
nul	a nil balance
la solvabilité	solvency
solvable	solvent
une souche de chèque	a counterfoil (GB)
	a stump
une subvention	« a subsidy (souvent au pluriel) »
un supplément	an extra charge
un tarif	a price list
un tarif tout compris	an inclusive charge
le titulaire d'un compte	the account holder
toucher un chèque	to cash a cheque
le transitaire	the forwarding agent
le trésorier	the treasurer
	the paymaster
une valeur brute	a gross value
une valeur nette	a net value
vérifier et certifier les comptes	to audit the accounts

L'ASSURANCE — INSURANCE

une assurance accident de travail	an insurance against injuries to workmen
une assurance accidents	an accident insurance
une assurance contre le vol	a theft insurance
	a burglary insurance
une assurance facultative	a voluntary insurance
une assurance incendie	a fire insurance
une assurance maladie	a health insurance
une assurance provisoire	a provisional insurance
une assurance vieillesse	an old age insurance
les assurances sociales	national insurance
	social insurance
s'assurer pour/contre (une somme d'argent)	to insure for/against
une compagnie d'assurance	an insurance company
être assuré	to be insured

des frais d'assurance	insurance charges
une police d'assurance	an insurance policy
une prime	a premium
la responsabilité	liability
responsable de	liable for

L'IMPOT / LES TAXES — TAXES

la TVA (Taxe à la Valeur Ajoutée)	VAT (Value Added Tax)
l'assiette de l'impôt	the tax assessment/basis
assujetti à l'impôt	liable for tax
un contribuable	a tax payer
déductible de l'impôt	tax deductible
une déduction avant l'impôt	a tax allowance
une exonération d'impôt	a tax exemption
frauder le fisc	to evade taxes
imposable	taxable
imposer	to tax
un impôt direct	a direct tax
dégressif	a tax on a descending scale
immobilier	a Real Estate tax
indirect	an indirect tax
	excise
progressif	a graded tax
sur le chiffre d'affaires	a sales tax
	a turnover tax
sur le revenu	an income tax
sur les salaires	a salary tax
	a wages tax
un percepteur d'impôts	a tax collector
une surtaxe	a super tax
une taxe de luxe	a luxury tax
de séjour	a visitor's tax
sur l'emploi	an employment tax

LE COURRIER

THE MAIL

une adresse	an address
une boîte aux lettres	a letter box
le cachet de la poste	the postmark
une carte de visite	a visiting card
un code postal	a post code
	a zipcode
un colis	a parcel
le corps de la lettre	the body of the letter
un coupon réponse international	an international reply coupon
le courrier arrivée	the incoming mail
le courrier départ	the outgoing mail
le courrier sera levé à 8h	the post will be collected at 8
dans l'attente de votre réponse	looking forward to hearing from you
un destinataire	an addressee
un en-tête	a heading
expédier (du courrier)	to send
un expéditeur	a sender
faire suivre le courrier	please forward the mail
une lettre	a letter
du 10 courant	a letter dated 10th instant
express	an express letter
recommandée	a registered letter
la levée (du courrier)	the collection
nous attendons votre confirmation	please confirm
nous attendons votre paiement dans les 15 jours	your payment is due within the fortnight
nous confirmons	we confirm
une pièce jointe	an enclosure
ponctuel	on time
une poste	a post office
poste restante	poste restante
réexpédier	to forward
en réponse à	following
	in reply to

en retard	delayed
par retour de courrier	by return of mail
sous huitaine	within a week
sous quinzaine	within a fortnight
un télégramme	a telegram
un timbre	a stamp
le tri du courrier	the sorting of the mail
un agenda	a week planner
urgent	urgent
veuillez… salutations	yours
	yours faithfully
veuillez trouver ci-joint	please find enclosed

L'ENTRETIEN / MAINTENANCE

ENTRETENIR / TO MAINTAIN

balayer	to sweep
changer	to change
cirer, polir	to polish
	to wax
entretenir	to maintain
	to upkeep
	to see to the upkeep of
	to look after
	to keep (sth or a place) in a good condition
épousseter	to dust
essuyer	to wipe
frotter	to scrub
laver	to wash

nettoyer	to clean
nettoyer à fond	to clean up
s'occuper de	to see to
passer l'aspirateur	to hoover
	to vacuum clean
ranger	to tidy up
récurer	to scour
réparer	to repair
	to mend
rincer	to rinse

L'HYGIÈNE ET LE MANQUE D'HYGIÈNE

HYGIENE AND THE LACK OF HYGIENE

une amende	a fine
un cafard	a cockroach
casser	to break
un contrôle sanitaire	a pest control
couler goutte à goutte	to drip
la crasse	filth
crasseux	filthy
un distributeur de savon liquide	a liquid soap dispenser
une fourmi	an ant
une hygiène médiocre	poor hygiene
un inspecteur de la Santé	an EHO (Environmental Health Officer)
de la mort-aux-rats	rat poison
un piège à rats	a rattrap
du pesticide	pesticide
la poussière	dust
poussiéreux	dusty
un préservatif	a condom
propre	clean
la propreté	cleanliness

une puce	a flea
un rat	a rat
un rongeur	a rodent
sale	dirty
la saleté	dirt
	dirtiness
un sèche mains	a hand dryer
une serviette périodique	a sanitary towel
une souricière	a mousetrap
une souris	a mouse (plur. : mice)
un tampon périodique	a tampon
des crottes de souris	mouse droppings

LES DOMMAGES — DAMAGE

s'effilocher	to fray
endommager	to damage
être hors service	to be out of order
être trempé	to be drenched
	to be soaked
une fissure	a crack
se fissurer	to crack
fuir	to leak
une fuite	a leakage
inonder	to flood
rouiller	to rust
rouillé	rusty
sauter	to blow
une urgence	an emergency

LES RÉCLAMATIONS — COMPLAINTS

l'ampoule a sauté	the bulb has blown
l'ascenseur ne marche pas	the lift is out of order

la baignoire fuit	the bath leaks
le carrelage est fissuré	the tiles are cracked
la chasse d'eau fuit	the flush leaks
l'eau du robinet d'eau chaude ne coule pas	the hot water doesn't run
la climatisation est mal réglée	the air-conditioning isn't working properly
la fenêtre ne ferme pas	the window doesn't shut properly
il n'y a pas de chauffage	there's no heating / the heating is out of order
on n'arrive pas à verrouiller la porte	the door can't be locked
les plombs ont sauté	the fuses have blown
réclamer	to complain (to sb about sth)
la sonnerie du téléphone ne marche pas	the telephone doesn't ring
la télé ne marche pas	the TV is out of order
les toilettes sont bouchées	the toilet is blocked

MATÉRIEL ET PRODUITS D'ENTRETIEN
CLEANING MATERIALS AND PRODUCTS

un aspirateur	a vacuum cleaner / a hoover
un balai	a broom
une bombe aérosol désinfectante	a disinfectant cleaning spray
une brosse à reluire	a scrubbing brush
un chiffon	a (fabric) wiper
une éponge	a sponge
des gants	gloves
des gants jetables	disposable gloves
une lavette	a dish cloth

de la lessive	washing powder
	washing liquid
un plumeau	a duster
de la poudre à récurer/	
du détergent	detergent powder
du savon en poudre	soap powder
une serpillière	a floor cloth
un tampon abrasif	a scouring pad

LES INSTALLATIONS — FITTINGS

un adoucisseur d'eau	a water softener
une ampoule	a bulb
les appareils d'éclairage	the lighting appliances
les appareils électriques	the electrical appliances
une applique	a wall lamp
la canalisation	the piping
le carrelage	the tiles
	the tiling
la chaleur	heat
chaud	hot
le chauffage central	central heating
une conduite d'eau	a water main
une conduite de gaz	a gas main
un court circuit	a short circuit
le crépi	rough cast
l'éclairage	the lighting
l'égout	the sewer
entartré	scaled
les faïences murales	the wall tiles
un fusible	a fuse
les installations de plomberie	the plumbing fittings
les installations sanitaires	the bathroom fittings
un interrupteur	a switch
une lampe	a lamp
modérément chaud	warm

la moquette	the carpet
	the fitted carpet
	the wall to wall carpet
la peinture	the paint
un radiateur parabolique	an electric fire
la réserve d'eau	the main water supply
un robinet	a tap
la robinetterie	the plumbing
le secteur électrique	the electrical mains
un système électronique	an electrical system
un thermostat	a thermostat
tiède	lukewarm
un tuyau	a pipe

LA BLANCHISSERIE

THE LAUNDRY DEPARTMENT

une aiguille	a needle
amidonner	to starch
bouillir	to boil
du chintz	chintz
des ciseaux	a pair of scissors
le contrôle du linge	the linen check
le coton	cotton
la couleur de la chemise	*the colour of the shirt*
a déteint sur la jupe	*has come off on to the skirt*
le damas	damask
la dentelle	lace
un dé	a thimble
déchiré	torn
dégraisser	to take the grease out
détacher	to remove the stains from
déteindre	to lose its colour
déteindre au soleil	to fade
un élément d'une liste	an item

essorer au tambour	to spin dry
essorer à la main	to wring
un faux pli	a crease
un fer à repasser	an iron
du fil	thread
grand teint	fast colour
	colour fast
une housse de protection	a cover
de protection extensible	a stretch cover
l'inventaire du linge	the linen inventory
une jeannette	a sleeve board
la laine	wool
un lave linge	a washing machine
laver	to wash
le lin	linen
du linge délicat	delicate linen
du linge fragile	fragile linen
nettoyer	to clean
	to launder
nettoyer à sec	to dry clean
le nylon	nylon
un œuf à repriser	a darning egg
passer à l'eau de javel	to bleach
une pattemouille	a damp cloth
la planche à repasser	the ironing board
plier	to fold
pourriez-vous nettoyer ma veste ?	can I have my jacket cleaned ?
une presse à repasser	an ironing press
racommoder/repriser	to darn
le ramassage	the collection
ramasser (le linge)	to collect (the linen)
ranger	to put away
repasser	to iron

repasser les faux plis	to iron out creases
rincer	to rinse
le satin	satin
un sèche linge	a drying machine
	a tumbler
la soie	silk
synthétique	synthetic
une tache	a stain
	a mark
de gras	a greasy mark
	a grease stain
de sang	a blood stain
de vin	a wine stain
teindre	to dye
du tissu	material
	fabric
du tissu imprimé	printed fabric
du tissu non-feu	fire-resistant fabric
trier	to sort out
la vapeur	steam
le velours	velvet
le velours côtelé	corduroy

LES VÊTEMENTS   CLOTHES

un bas	a stocking/nylon
une blouse	an overall
un bouton	a button
des bretelles	braces (GB)
	suspenders (us)
la bretelle du sac	the strap
un caleçon	underpants
une ceinture	a belt
une ceinture de smoking	a cummerbund
un châle	a shawl
un chandail	a jumper
	a pullover
une chaussette	a sock

un chausson	a slipper
une chaussure	a shoe
une chemise	a shirt
une chemise de nuit	a night-dress
	a nightie
un chemisier	a blouse
un col	a collar
un col Mao	a mao collar
à col Mao	collarless
un collant	tights
un complet / un tailleur	a suit
un costume trois-pièces	a three-piece suit
une cravate	a tie
une culotte	pants
à double boutonnage	double breasted
une doublure	a lining
une écharpe	a scarf
une fermeture éclair	a zip
une gaine	a girdle
un gilet	a waistcoat (GB)
	a vest (US)
l'habillement	clothing
s'habiller (pour sortir)	to dress up
une jambe de pantalon	a leg
une jupe	a skirt
un maillot de corps	a vest
une manche	a sleeve
un mouchoir	a handkerchief
un nœud papillon	a bow tie
un pantalon	trousers
un pardessus	an overcoat
un pli	a pleat
une poche	a pocket
une pochette (mouchoir)	a pocket handkerchief
une pochette (poche)	a breast pocket

un poignet de chemise	a cuff
un polo	a polo shirt
un pyjama	pyjamas
une robe	a dress
une robe de chambre	a dressing gown
un sac	a bag
un short	shorts
un slip	briefs
un smoking	a tuxedo
	an evening suit
un soutien gorge	a bra (abbr. of brassiere)
une tenue correcte	formal clothes
une tenue décontractée	casual clothes
une veste	a jacket

L'UNIFORME — THE UNIFORM

une apparence qui reflète l'image de l'entreprise	a corporate look
un calot	a skull cap
le code vestimentaire	the dress code
la correction	decency
l'habit de cuisinier	the chef's garment
le haut (d'une tenue)	the top
une lavallière / un tour de cou	a lavaliere
	a cravat
un linteau	a glass cloth
un logo brodé	an embroidered logo
une manique	an oven cloth
un motif	a design
des sabots	clogs
un tablier	an apron
à bavette	a bib apron

une tenue	an outfit
une toque	a chef's hat
un tour de cou	a necktie
un vêtement de travail	workwear
	business wear

LES RISQUES / RISKS/HAZARDS

un incident	a mishap
	an incident
les normes	standards
de sécurité	safety standards
obligatoires (de base)	mandatory standards

LE FEU / FIRE

une alarme	a fire alarm
une bouche d'incendie	a fire hydrant
brûler	to burn
un escalier de secours	a fire escape
	emergency stairs
éteindre un incendie	to put out a fire
	to extinguish a fire
	to douse a fire
un extincteur	a fire extinguisher
ignifuge	fireproof
un incendie	a fire
un incendie volontaire	an arson
l'incendie faisait rage	the fire was raging
une lance à incendie	a hose
un pompier	a fireman
les pompiers	the fire brigade
ravager	to destroy
une sortie de secours	an emergency exit

L'EAU

WATER

abîmé

damaged
out of repair

arrêter (les dégâts)
déborder

to curb
to overflow
to overspill

les dégâts d'eau

water damage

essorer
essuyer (beaucoup d'eau)
essuyer (peu d'eau)

to wring
to mop
to wipe

une inondation
inonder

a flood
to flood

rincer

to rinse

sécher

to dry

LE VOL

THEFT/ROBBERY

un cambriolage
un cambrioleur
être attaqué, dépouillé

a burglary
a burglar
to be mugged

je ne trouve pas mes lunettes

I can't find my glasses

ma montre a disparu

my watch has disappeared

quelqu'un s'est introduit dans
ma chambre

sb got into my bedroom
sb stole into my room

un rat d'hôtel

a hotel thief

un vol à la tire
  à main armée
  de peu d'importance
un voleur
un voleur à la roulotte

pickpocketing
armed robbery
petty theft
a thief (pl. : thieves)
a mugger

LES BIJOUX

des accessoires
l'argent

une bague
  de fiançailles
  de mariage

des boucles d'oreilles
un bouton de manchette
un bracelet
une broche

un collier

une épingle de cravate
une montre

l'or

LES ATTENTATS

arrêter le mécanisme

blesser

des dégâts matériels

s'enfuir
une enquête policière
s'étouffer
exploser

faire une enquête

indemne

mettre en route
un mort

JEWELS

accessories
silver

a ring
an engagement ring
a wedding-ring

ear-rings
a cuff link
a bracelet
a brooch

a necklace

a tie pin
a watch

gold

TERRORIST ATTACKS

to defuse the device

to hurt
to wound

damage

to escape
an investigation
to choke
to explode
to blow up

to investigate into
to make an investigation

unhurt
unscathed

to set up
a dead person

les morts et les blessés	casualties
un otage	a hostage
un piège	a booby trap
prendre qq. en otage	to take sb hostage
	to hold sb hostage
les preuves	the evidence
le terrorisme	terrorism
un terroriste	a terrorist
témoigner	to testify
un témoin oculaire	an eye witness

LA PEUR — FEAR

avoir peur	to be afraid
	to be scared
contenir une foule	to contain a crowd
	to hold a crowd in check
crier	to scream
	to shriek (terme fort)
effrayer	to frighten
	to scare
être bouche bée	to gape
être mort de peur	to be scared to death
être pris de panique	to be panic stricken
une foule	a crowd
la frayeur	fright
gémir	to whine
	to whimper
	to groan
la panique	panic
pleurer	to cry
regarder fixement qq.	to stare at sb

LES SECOURS	**ASSISTANCE**
appeler au secours	to call for help
le bouche à bouche	mouth-to-mouth ressuscitation the kiss of life
isoler le client	to take the guest away
les premiers secours	first aid
rester calme	to keep calm
secourir les secours d'urgence un secouriste au secours !	to rescue emergency aid a first aid worker help !

THE
FOOD
INDUSTRY

la cuisine (lieu)	the kitchen
la cuisine (art, produit)	cuisine
la cuisine (préparation)	cooking
la cuisine chinoise	Chinese cuisine
une recette	a recipe

LES INSTALLATIONS | FITTINGS

une armoire	a cabinet / a cupboard
une armoire encastrée	a purpose-built cabinet
un bloc évier	a sink unit
une bouche d'évacuation des eaux usées	a floor drain
la canalisation	the drainage
une chambre froide	a walk-in fridge
une chaudière	a boiler
un évier	a sink
un filtre	a filter
une hotte	a hood
une paillasse	a draining board
un passe plat	a servery counter
une poubelle	a bin
des sacs poubelle	refuse sacks

LES APPAREILS DE CUISINE | KITCHEN IMPLEMENTS

une armoire frigorifique	a cold store
une armoire froide	a cold room

un broyeur d'ordures	a waste disposal unit
un compacteur de déchets	a waste compactor
un congélateur	a freezer
un éplucheur électrique	a peeler
une fontaine à eau chaude	a hot water dispenser
un four	an oven
à chaleur tournante	a fan oven
à convection	a convection oven
à micro ondes	a micro-wave oven
un fourneau	a cooker
	a stove
un grill	a grill
un grille-pain	a toaster
un hachoir électrique	a mincer
un lave-vaiselle	a dishwasher
une machine à café	a coffee maker
à découper (en tranches)	a slicer
un minuteur	a timer
un mixeur	a mixer
un moule	a tin
à flan	a flan case
à tarte	a pie dish
un moulin à café	a coffee grinder
un « piano »	a range
une plaque chauffante	a griddle
	a hob
un réfrigérateur	a refrigerator / a fridge
une rôtissoire	a broiler

LES USTENSILES

UTENSILS

une anse de tasse	a cup handle
une assiette	a plate
un bain marie	a bain marie
une balance	scales
une bassine	a bowl
	a basin
une bouilloire	a kettle
une bouteille	a bottle
une braisière	a braising pan
une broche	a skewer
une cafetière	a coffee pot
une casserole / une russe	a saucepan
	a pan
une casserole à double fond	a double boiler
un chinois	a pointed strainer
une cocotte minute	a pressure cooker
un couteau	a knife (pl. : knives)
à découper	a carving knife
à poisson	a fish knife
un couvercle	a lid
les couverts	the cutlery
une cruche	a jug
une cuillère	a spoon
un dessous de bouteille	a coaster
un disque	a disk
une douille	a nozzle
une écumoire	a skimmer
un égouttoir	a draining rack
un entonnoir	a funnel
un filtre	a filter
un fouet	a whisk
une fourchette	a fork
une friteuse	a frying kettle

un grand verre	a tumbler
une jarre	a jar
une jatte	a bowl
une lame coupante	a blade
une lavette	a wash cloth
une louche	a ladle
un malaxeur	a blender
une marmite	a pot
	a stockpot
un moule	a baking tin
un ouvre boîte	a can opener
	a tin opener
une passoire à thé	a strainer
une passoire à légumes	a colander
une planche à découper	a chopping board
	a cutting board
	a carvery board
une planque à rôtir	a roasting tin
un plat	a dish
allant au four	an oven dish
à sauter	a saute pan
une poche à douille	a piping bag
une poêle	a frying pan
un poêlon à sucre	a sugar boiler
une pointe	a spike
un porte couteau	a knife rest
un presse fruit	a fruit squeezer
un ramequin	a ramekin
une râpe	a grater
un robot	a food processor
un rondeau	a large casserole
un rouleau à pâtisserie	a rolling pin
un saladier	a salad bowl
une saumonière	a salmon kettle

une sauteuse	a high-sided frying pan
	a sauteuse
une soucoupe	a saucer
une spatule	a wooden spoon
	a spatula
un tamis	a sieve
une tasse	a cup
une thélère	a tea pot
un tire bouchon	a corkscrew
un tonneau	a barrel
une tourtière	a pie dish
une turbotière	a turbot kettle
un verre	a glass
un verre gradué	a measuring glass
un wok	a wok

LES MATÉRIAUX / MATERIALS

acier	steel
acier inoxydable	stainless steel
aluminium	aluminium
cuivre	brass
fer, tôle d'acier	iron, tin
fonte émaillée	enamel
terre cuite	earthenware
verre trempé	toughened glass

LES PRÉPARATIONS / PREPARATIONS

ajouter	to add
arroser	to baste
assaisonner	to season

battre	to beat
	to whisk
beurrer	to butter
blanchir/faire blanchir	to blanch
bouillir/faire bouillir	to boil
braiser/faire braiser	to braise
brider, trousser	to truss
carboniser	to char
concasser	to crush
congeler	to freeze
couler goutte à goutte	to dribble
couper	to cut
en bâtonnets	to chip
en dés	to dice
en deux	to halve
en lanières	to shred
couvrir	to cover with a lid
cuire/faire cuire	to cook
à la vapeur	to steam
à l'étouffée	to stew
au four	to bake
décanter	to settle
découper (viande)	to carve
découper en tranches	to slice
dégeler/décongeler	to thaw
déglacer	to deglaze
dégorger	to soak
	to sweat
dégraisser, préparer au couteau	to trim
délayer	to mix
démouler	to turn out
dénoyauter un fruit	to stone a fruit
déplumer	to pluck
dépouiller	to skin (a rabbit)
désosser	to bone
dorer	to glaze
	to brown
ébarder	to debeard
écailler	to scale

écaler, écosser	to shell
écosser, décortiquer	to husk
écumer	to skim
égoutter	to drain
émietter	to crumble
émincer	to slice thinly
	to cut into slivers
enduire	to coat
enlever la peau	to remove the skin
	to discard the skin
enlever le cœur (d'un fruit)	to core
épépiner	to core (apples)
	to stone (raisins)
	to take out the seeds or pips
éplucher	to peel
équeuter	to hull
étaler	to spread
étendre (une pâte)	to roll out
évider	to gut
	to clean out
faire chauffer sans faire bouillir (lait)	to scald
faire flamber	to flambé (pancakes)
faire fondre	to melt
faire revenir	to brown
	to fry gently
faire sauter	to sauté
faire suer	to sweat
faire tremper	to sock
foncer (un moule)	to line
frémir, cuire à feu doux	to simmer
frire/faire frire	to fry
frotter	to rub
glacer	to ice
gratiner	to cook au gratin
griller	to grill
hacher	to mince
incorporer	to add in

	to rub in
	to whisk in
	to stir in
	to mix in
infuser	to draw, to brew
lier (une sauce)	to thicken
macérer	to macerate (in alcohol)
	to pickle (in vinegar)
	to steep (in water)
	to soak (in water)
malaxer	to cream (butter)
mariner	to marinate
mélanger (la salade)	to toss together
moudre, broyer	to grind (I ground, ground)
napper	to coat
paner	to coat with bread crumbs
passer	to strain
passer au-dessus d'une flamme	to singe (a chicken)
pétrir	to knead
piler	to pound
pocher	to poach
racler	to scrape (out)
râper	to grate
réchauffer	to warm (up)
réduire	to reduce
réduire en pâte	to pulp
refroidir	to cool
remuer	to stir
rôtir	to roast
saisir	to fry quickly
	to stir fry
saupoudrer	to sprinkle
	to dust
saurer	to cure
singer	to thicken a sauce with flour
sucrer	to put sugar (in)

	to sweeten
	to add sugar
tremper légèrement	to dip
verser	to pour

LA CONSERVATION / PRESERVATION

les aliments conditionnés	processed food
la congélation	freezing
congeler	to freeze
des conserves, confits	preserved food
la déshydratation	dehydration
l'entreposage	the storage
un fruit confit	a candied fruit
la liaison chaude	cook chill
la liaison froide	cook freeze
la salaison, fumaison, le séchage	curing
le sous-vide	sous vide
la stérilisation	sterilisation
surgeler	to deep-freeze

L'EMBALLAGE / PACKAGING

arracher	to tear off (I tore, torn)
une boîte	a box
une boîte en fer blanc	a tin / a can
du cellophane	cellophane
emballer	to pack

envelopper	to wrap
forcer le couvercle (pour ouvrir)	to prise off the lid
de la nourriture en conserve	tinned food / canned food

un panier repas	a packed lunch
du plastique	plastic
un pot / une boîte en carton	a carton

un sachet	a sachet
du papier aluminium	foil
du papier sulfurisé	greaseproof paper
de la pellicule, du film étirable	cling film

LES ÉPICES / SPICES

de l'ail	garlic
de l'aneth	dill
de l'anis	aniseed
l'assaisonnement	seasoning

du basilic	basil
de la bourrache	borage

de la cannelle	cinnamon
de la cardamome	cardamom
du cerfeuil	chervil
de la ciboulette	chives
des clous de girofle	cloves
de la coriandre	coriander
du cumin	cumin
du curcuma (safran des Indes)	turmeric

une échalotte	a shallot
de l'estragon	tarragon

du fenouil	fennel
des fines herbes	mixed herbs

du gingembre	ginger
une gousse	a clove
du laurier sauce	bay leaves
de la marjolaine	marjoram
de la menthe	mint
de la muscade	nutmeg
un oignon	an onion
de l'oseille	sorrel
du paprika	paprika
du persil	parsley
un piment	a pimento
du poivre	pepper
du poivre blanc	white pepper
du poivre de Cayenne	Cayenne pepper
du poivre noir	black pepper
du romarin	rosemary
une baie de genièvre	a juniper berry
le carvi	caraway seeds
l'origan	oregano
graines de pavot	poppy seeds
du safran	saffron
de la sarriette	savory
de la sauge	sage
du sel	salt
du sel de céleri	celery salt
du thym	thyme

LES LÉGUMES — VEGETABLES

un artichaut	an artichoke
des asperges	asparagus
une aubergine	an aubergine
	an eggplant

un avocat	an avocado
une batavia	a Webb's lettuce
une bette/blette	a beet
une betterave	a beetroot
un brocoli	a broccoli
une carotte	a carrot
du céleri	celery
du céleri rave	celeriac
un champignon	a mushroom
une chicorée	a chicory
un chou	a cabbage
un chou-fleur	a cauliflower
des choux de Bruxelles	Brussels sprouts
un concombre	a cucumber
une courge	a marrow
une courgette	a courgette
	a zucchini
du cresson	cress
	watercress
une endive	an endive
des épinards	spinach
une feuille de chêne	an oak leaf (pl. leaves)
des haricots blancs	beans
des haricots grimpants	runner beans
des haricots verts	French beans
un poivron	a bell pepper
des légumes secs	pulse
des produits biologiques	organic produce
une laitue	a lettuce
des légumes verts	greens
des lentilles	lentils
un navet	a turnip
un oignon	an onion
un patisson	a Jerusalem artichoke
des petits pois	peas
un poireau	a leek
des pois chiches	chickpeas

des pommes de terre	potatoes
en robe de chambre	potatoes in their jackets
nouvelles	new potatoes
un potiron	a pumpkin
un radis	a radish
un radis noir	a horse radish
des rutabagas	swedes
la salade	green salad
	(attention le mot « salad » en anglais = salade composée)
une salade frisée	a frisée lettuce
une salade romaine	cos
des salsifis	salsify, oyster-plant
du soja	soya bean
une tomate	a tomato

LES CONDIMENTS / PICKLES

des cornichons	gherkins
de l'huile	oil
de l'huile d'arachide	groundnut oil / peanut oil
de l'huile d'olive	olive oil
de la moutarde	mustard
des petits oignons	pickled onions
de la purée de légumes confits	chutney
du vinaigre	vinegar
du vinaigre d'alcool	spirit vinegar
du vinaigre de vin	wine vinegar

LES FRUITS | FRUIT

un abricot	an apricot
des agrumes	citrus fruit
une airelle	a cranberry
un ananas	a pineapple
une baie	a berry
une banane	a banana
un brugnon	a nectarine
un cassis	a blackcurrant
une cerise	a cherry
un citron	a lemon
un citron vert	a lime
le cœur d'un fruit	the core
un coing	a quince
une coquille (de noix)	a husk
cueillir un fruit	to pick up a fruit
la culture biologique	organic farming
une datte	a date
une figue	a fig
une fraise	a strawberry
une fraise des bois	a wild strawberry
une framboise	a raspberry
un fruit abîmé	a spoilt fruit
blet	an over-ripe fruit
confit	a candied fruit
cuit	a stewed fruit
de la passion	passion fruit
en conserve / au sirop	a perserved fruit
	a canned fruit
juteux	a juicy fruit
mûr	a ripe fruit
sain	a wholesome fruit
sec	a dried fruit
véreux	a wormy fruit
	a maggoty fruit

des fruits biologiques	organically-grown fruit
une grappe	a bunch
une grenade	a pomegranate
une groseille blanche	a white currant
une groseille rouge	a red currant
une groseille à maquereau	a gooseberry
un kiwi	a kiwi
un lychee	a lychee
une mandarine	a tangerine
une mangue	a mango
un melon	a melon
un melon d'eau	a wartermelon
une myrtille	a whortleberry
	a bilberry
une mûre	a blackberry
un noyau	a stone
une nèfle	a medlar
une olive	an olive
une orange	an orange
amère	a Sevilla orange
sanguine	a blood orange
un pamplemousse	a grapefruit
la peau	the peel
la peau blanche	the pith
une pêche	a peach
un pépin	a pip
	a seed
une poire	a pear
une pomme	an apple
une prune	a plum
la pulpe	the flesh
du raisin	grape
un régime de bananes	a bunch of bananas
une reine claude	a greengage
un zeste	a rind / a zest

LES FRUITS SECS | DRIED FRUIT

une amande — an almond

une châtaigne — a chestnut
une noisette — a hazelnut
une noix — a walnut
  de cajou — a cashew
  de coco — a coconut
  de Pécan — a Pecan nut
  du Brésil — a Brazil nut

un pignon — a pine nut
une pistache — a pistacchio
un pruneau — a prune

du raisin sec — raisin
du raisin sec de Smyrne — sultana

LES POISSONS | FISH

une alose — a shad
un anchois — an anchovy
une anguille — an eel
une arête — a (fish) bone

un bar/loup de mer — a bass
une barbue — a brill
du beurre d'anchois — anchovy paste
la blanchaille/le fretin — whitebait
une boîte de sardines — a tin of sardines
un brochet — a pike

un cabillaud — a cod
un calmar — a squid
une carpe — a carp
la chair — the flesh
un colin / merlu — a hake

un congre	a conger
la criée	sale by auction
une croquette de poisson	a fish ball
	a fish cake
des cuisses de grenouille	frogs'legs
une darne de poisson	a fish steak
une dorade	a sea bream
une écaille	a scale
l'élevage du saumon	salmon farming
un espadon	a sword fish
un esturgeon	a sturgeon
un filet de poisson	a fillet of fish
un flétan	a halibut
du fretin / de la friture	small fry
la grande pêche	deep-sea fishing
un hareng	a herring
une limande	a dab
une lotte	a monkfish
un maquereau	a mackerel
le marché au poisson	the fish market
un merlan	a whiting
une merluche	a dried fish
	a stockfish
un mulet	a mullet
la nageoire	the fin
les ouïes	the gills
une plie	a plaice
un poisson chat	a catfish (US)
du poisson d'eau douce	fresh water fish
de mer	sea fish
fin, délicat	choice fish
frais	fresh fish
fumé	smoked fish
mariné	marinated fish
salé	salt fish

séché	dried fish
un poissonnier	a fishmonger
un poulpe	an octopus
une prise	a catch
la queue	the tail
une raie	a skate
une rascasse	a hogfish / a scorpion fish
un rouget	a red mullet
un Saint-Pierre	a John Dory
une sardine	a sardine
	a pilchard
un saumon	a salmon
un sébaste	a rock fish
une seiche	a cuttlefish
une sole	a sole
un thon	a tuna fish
une truite	a trout
une truite de mer	a sea trout
un turbot	a turbot

LES COQUILLAGES — SHELLFISH

une araignée de mer	a spider crab
un aspic de poisson	fish in aspic
un bigorneau	a winkle
une clovisse	a clam
une coque	a cockle
la coquille	the shell
une coquille Saint-Jacques	a scallop
une coquille de poisson	a scallop of fish
	fish served in a scallop
un crabe	a crab
du crabe	crabmeat
une crevette grise	a shrimp
une crevette rose (bouquet)	a prawn

une écrevisse	a crayfish / a crawfish (US)
un homard	a lobster
une huître	an oyster
la laitance	soft roe
une langouste	a rock lobster
une langoustine	a Dublin bay prawn / a king size prawn
une moule	a mussel
l'ormeau	abalone
un oursin	a sea urchin

LES ŒUFS / EGGS

le blanc d'œuf	the (egg) white
un coquetier	an egg cup
la coquille	the shell
le jaune d'œuf	the yolk
un lait de poule	an egg nog
monter les blancs en neige	to whisk up the whites
un œuf du jour	a new-laid egg
des œufs frais	fresh eggs
à la coque	soft-boiled eggs
à la neige	floating islands
au miroir	sunny side up (US)
brouillés	scrambled eggs
durs	hard-boiled eggs
pochés	poached eggs
sur le plat	fried eggs
une omelette	an omelette
baveuse	a runny omelette

LA VIANDE | MEAT

LES MORCEAUX DE VIANDE | THE MEAT CUTS

La viande de bœuf | *beef*

la côte de bœuf / bouchère	the fore rib
l'entrecôte	the top rib
l'épaule	the shoulder
le faux filet	the sirloin
le flanchet	the flank
le gîte	the shank
le gîte à la noix	the round
la langue	the tongue
la queue de bœuf	the oxtail
le rumsteak	the rumpsteak

La viande de porc | *pork*

le carré	the fore loin
les côtes filet	the loin chops
l'échine	the spare rib chops
l'épaule	the hand
le groin	the snout
le jambon	the leg
le jambonneau	the knuckle
la joue	the jowl
les oreilles	the ears
le pied	the trotter
la pointe	the chump chops
la poitrine	the belly
la tête	the head

La viande de veau | *veal*

le carré	the best end neck
le collet	the scrag
l'épaule	the shoulder
le flanchet	the flank
le jarret	the knuckle (osso bucco)
la longe	the loin
la noix	the top side

la poitrine	the breast
la sous noix	the silverside
le tendron	the gristle

La viande de mouton
L'agneau
mutton
lamb

la cervelle	the brains
le collier	the scrag
les côtelettes	the ribs
les côtes découvertes	the middle neck
l'épaule	the shoulder
le gigot	the leg / haunch / hindquarter
la poitrine	the breast
la selle	the saddle
des abattis	giblets
des abats	offal
bien cuit	well cooked
	well done
bleu	rare
un bœuf sur pied	an ox (pl. : oxen)
le boucher	the butcher
la boucherie	the butcher's shop
du boudin	blood sausage
du bouillon de viande et de légumes	broth
des boulettes de viande	meat patties
du cervelas	saveloy
de la cervelle	brains
un cochon	a pig
un cochon de lait	a sucking pig
du cœur	heart
un consommé	a consommé
	a clear soup
coriace	tough
une côte	a rib
une côtelette (agneau)	a cutlet
	a chop

cru	raw
du jus de viande épais	gravy
la farce	the stuffing
	the forcemeat
le foie	the liver
un fonds	a stock
un fonds de veau	a veal stock
un fonds de volaille	a chicken stock
de la gelée	aspic jelly
du jambon	ham
du jambon fumé	gammon
de la langue	tongue
du lard	bacon
la macreuse	the brisket
maigre	lean
un morceau avec l'os	a bone-in cut
de premier choix	a prime cut
de viande	a cut
sans os	a boneless cut
un mouton sur pied	a sheep (pl. : sheep)
le paleron	the chuck
la palette	the blade
la queue	the tail
de la queue de bœuf	oxtail
de la soupe à la queue de bœuf	oxtail soup
un ragoût	a stew
	a casserole
du ris de veau	sweetbread
des rognons	kidneys
un rôti	a joint
saignant	underdone
du saindoux	lard
une saucisse	a sausage
une tranche de lard	a rasher
des tripes	tripe

	chitterlings
trop cuit	overdone
un veau sur pied	a calf (pl. : calves)
de la viande rôtie	roast meat
la viande est tendre	the meat is tender

LA VOLAILLE — POULTRY/FOWL

une aile	a wing
l'aviculture	poultry farming
un bec	a bill
un canard	a duck
un caneton	a duckling
la chair	the flesh
un chapon	a capon
un coq	a rooster
un coquelet	a cockerel
le croupion	the pope's nose
	the parson's nose
une cuisse de poulet	a chicken leg
un dindon	a turkey
un élevage de volailles	a poultry farm
un magret	a fillet
une oie	a goose (pl. : geese)
la peau	the skin
un pigeon	a pigeon
une pintade	a guinea fowl
une poularde	a fatted chicken
un poulet	a chicken
un poussin	a chick
un volailler	a poultry dealer

LE GIBIER — GAME

une biche	a doe

une caille	a quail
un canard sauvage	a wild duck
un cerf	a red deer
	a stag
un chevreuil	a roe-deer
	a roe-buck
un coq de bruyère	a grouse
un faisan	a pheasant
un faon	a fawn
un lapin de garenne	a wild rabbit
un lièvre	a hare
une perdrix	a partridge
un pigeon	a pigeon
un sanglier	a wild boar
la venaison	venison

THE
CATERING
INDUSTRY

un bar à vin	a wine bar
un bar clandestin (US : au temps de la prohibition)	a speakeasy
une brasserie	a brasserie
une cafétéria	a cafeteria
une cantine	a canteen
un endroit à l'intérieur d'un hôtel où on peut manger rapidement	a coffee shop
un estaminet	a tavern
un établissement non autorisé à vendre des boissons alcoolisées	a café
un salon de thé	a tea shop

LE PUB — THE PUB

une boisson	a drink
	a beverage
un client régulier	a patron
un comptoir	a counter
	a display counter
un dessous de chope	a beer mat
un jeu de fléchettes	darts
de la nourriture à emporter	take away food
une pompe à bière	a draught pump
le propriétaire du pub	the publican
un pub n'appartenant pas à une brasserie	a freehouse
un repas rapide	a snack

un sandwich	a sandwich

LE BAR THE BAR

une barmaid	a barmaid
un barman	a bartender
	a barman

LES ACCESSOIRES IMPLEMENTS

un agitateur	a swizzle stick
un bol à punch	a punch bowl
le bord du verre	the brim
un cure-dent	a tooth pick
un décapsuleur	a bottle opener
un gobelet	a tumbler
une mesure	a measure
une paille	a straw
une pince à glace	ice tongs
une pince à sucre	sugar tongs
un sachet (de sucre)	a (sugar) sachet
un seau à champagne	a champagne bucket
	an ice bucket
un shaker	a shaker
un siphon	a siphon
un tire-bouchon	a cork screw
un verre	a glass

LES INGRÉDIENTS | INGREDIENTS

une cerise à l'eau de vie — a cherry maraschino
de la crème (de cassis, etc.) — cream
du curaçao — curaçao

un glaçon — an ice cube
de la glace pilée — crushed ice
de la grenadine — grenadine

une tranche — a slice

LES PRÉPARATIONS | PREPARATIONS

décorer — to decorate

fondre — to melt

garnir — to garnish

un jet — a squirt
un jet d'eau gazeuse — a squirt of soda water

mélanger, secouer — to shake

passer, filtrer — to strain
une pincée — a pinch
presser (un citron) — to squeeze

remplir — to fill
remplir à ras bord — to fill up
renverser — to spill

un trait (angostura) — a dash
tremper (les lèvres) — to dip

verser — to pour
un zeste — a zest

LE RESTAURANT
THE RESTAURANT

un déjeuner d'affaires	a business lunch
des frais professionnels	professional expenses
charmant	charming
grand	large
petit	small
pittoresque	picturesque
le restaurant est plein	the restaurant is crowded
	the restaurant is full
les restaurants à thème	themed restaurants
les restaurants ethniques	ethnic restaurants
la restauration	catering
d'entreprise	industrial catering
gastronomique	gastronomic catering
rapide	fast food catering

LA SALLE DE RESTAURANT
THE DINING ROOM

l'accueil	the welcome
l'ambiance	the atmosphere
bien éclairé	well-lit
un bouquet	a bouquet
une cheminée	a fireplace
une cloche	a cloche

confortable	comfortable
confortable, feutré	cosy
cru (lumière)	crude
le décor	the setting
	the decor
une décoration florale	a flower arrangement
doux (lumière)	soft
un feu de bois	a log fire
inconfortable	uncomfortable
mal éclairé	ill-lit
tapisserie (sièges)	upholstery
tapisserie (murs)	wallpaper
tentures	hangings

LE SERVICE / THE SERVICE

un buffet de légumes/desserts	a buffet
un buffet de salades	a salad bar
la carte des vins	the wine list
un cendrier	an ashtray
un chandelier	a candle holder
	a candlestick
un chariot à desserts	a sweet cart
	a sweet trolley
commander	to order
conduire un client à sa table	to see a client to his table
couper en portions	to portion out
débarrasser la table	to clear the table
donner un pourboire	to tip
emporter (les plats)	to take away
mettre le couvert	to lay the table
la mise en place	the mise en place

le montant du service	the service charge
une nappe	a tablecloth
la note	the bill
un plat de service	a serving dish
un plateau	a tray
une portion	a portion
	a wedge (cake)
	a helping
le pourboire	tipping
réserver une table pour deux personnes	to reserve a table for two
	to book a table for two
le service à l'anglaise	silver service
à l'assiette	plate service
à la française	French service
à la russe	gueridon service
le service s'élève à	the service charge amounts to
une serviette	a serviette
	a napkin
une serviette en papier	a tissue napkin
servir	to serve
	to wait on sb
un set de table	a table mat
une table	a table

LA VAISSELLE / TABLEWARE

une assiette à dessert	a dessert plate
à pain	a bread sideplate
à soupe	a soup plate
un bol à céréales	a cereal bowl
une carafe	a glass jug

une carafe à décanter	a decanter
les couverts	the cutlery
à dessert	dessert cutlery
à poisson	fish cutlery
à viande	meat cutlery
un crémier	a cream jug
une cuillère à café	a coffee spoon
une cuillère à thé	a tea spoon
un huilier	a cruet stand
un moulin à poivre	a pepper mill
un moulin à sel	a salt mill
un plat ovale	an oval dish
un plat rond	a round dish
une poivrière	a pepper box
la porcelaine	china
un pot à lait	a milk jug
la poterie	pottery
	earthenware
un réchaud	a chafing dish
un rince doigts	a finger glass bowl
un saladier	a bowl
une salière	a salt cellar
une saucière	a sauce boat
un seau à rafraîchir	a wine cooler
un service à café / thé	a coffee set
	a tea set
une soucoupe	a saucer
une soupière	a soup tureen
un sucrier	a sugar bowl
une tasse	a tea cup
une théière	a tea pot

LES RÉGIMES

DIETARY HABITS

un/e diététicien/ne — a dietician
la diététique — dietetic

être au régime — to be on a diet

perdre du poids / maigrir — to lose weight
prendre du poids / grossir — to put on weight
un régime sans graisse — a fat-free diet
un régime sans sel — a salt-free diet
un régime sans sucre — a sugar-free diet

un végétalien — a vegan
un végétarien — a vegetarian

LES REPAS

MEALS

aimer — to like
un anniversaire — a birthday
un anniversaire (de mariage) — an anniversary
avaler — to swallow
avaler à grosses bouchées, engloutir — to gulp down
avoir faim — to be hungry
avoir soif — to be thirsty

un banquet — a banquet
un baptême — a christening
boire — to drink
une boîte à thé — a tea caddy
une bouchée — a mouthful
bouffer — to scoff

une cérémonie, une fête — a celebration
c'est l'heure de dîner — it's dinner time

une collation	a snack
le déjeuner	lunch, luncheon
un déjeuner d'affaires	a business lunch
un dessert	a dessert
	a sweet
détester	to hate
	to dislike
dévorer	to devour
le dîner	dinner
un dîner	a dinner party
un dîner aux chandelles	a candle-lit dinner
dîner	to dine
dîner à la fortune du pot	to take pot luck
dîner d'une pomme	to dine off an apple
un dîneur	a diner
dire le bénédicité	to say grace
s'empiffrer	to guzzle
une énorme quantité (de crème)	lashings of (cream)
l'entrée	the first course
une entrée chaude	a hot starter
la faim	hunger
une fête	a feast
une fontaine à thé	a tea urn
le goûter	tea
goûter	to have tea
un goûter (avec des invités)	a tea party
grignoter	to toy with one's food
les heures des repas	meal times
un hors d'œuvre	a hors d'œuvre
jeûner	to fast
manger	to eat
dans une assiette	to eat out of a plate
dans un restaurant	to eat out
un mariage	a wedding
mastiquer	to munch
le menu	the menu / the carte

un menu à prix fixe	a set-price menu
	a fixed-price menu
mourir de faim	to starve
nourrir	to feed
la pause thé	tea break
le petit déjeuner	breakfast
le petit déjeuner dînatoire	brunch
un pique-nique	a picnic
les plats	courses
un plat d'accompagnement	a side dish
le plat principal	the main course
prendre le thé	to have tea
une réception	a function
un repas complet	a square meal
copieux	a copious meal
	a substantial meal
comprenant deux plats	a two-course meal
frugal	a scanty meal
un sachet de thé	a tea bag
un salon de thé	a tea shop
	a tea-room
servez-vous (de qch.)	help yourself (to sth.)
la soif	thirst
le souper	supper
une tasse de thé	a cup of tea
une tasse à thé	a tea cup
le thé	tea
le thé dînatoire	high tea
une tisane	herb tea

LES SAUCES

SAUCES

fortement épicée	hot
moyennement épicée	medium
peu épicée	mild
de la sauce à la menthe	mint sauce
à la mie de pain	bread sauce

à la tomate	tomato sauce
au jus de viande	gravy
aux pommes	apple sauce
béchamel	bechamel sauce
blanche	white sauce
pour la salade	dressing

LES METS SALÉS — SAVOURIES

la choucroute	sauerkraut
un friand à la saucisse	a sausage roll
à la viande	a meat roll
au fromage	a cheese roll
au jambon	a ham roll
des mets délicats	delicacies
de la panse de brebis farcie	haggis
un pâté impérial	an egg roll
un petit pâté à la viande de porc	a pork pie
du pigeon en croûte	pigeon pie
une pizza	a pizza
une quiche	a quiche
une salade de chou carottes	coleslaw
une tarte à la citrouille	a pumpkin pie

LES PLATS D'ACCOMPAGNEMENT — SIDE DISHES

des chips	crisps
des frites	french fries / chips
la garniture	garnish
des nouilles	noodles
des pâtes	pasta
de la purée	mashed potatoes

du riz	rice
du riz au lait	rice pudding
de la semoule	semolina
une soupe aux vermicelles	a noodle soup
des spaghetti	spaghetti

LES PRODUITS LAITIERS / DAIRY PRODUCE

âcre	pungent
affiné	fully-matured
assorti	assorted
un assortiment	assortment
le babeurre	buttermilk
du beurre de cacahuète	peanut butter
du beurre salé	salted butter
une motte de beurre	a lump/block of butter
un biscuit qui se mange avec le fromage	a cheese biscuit
le caillé	curd
se cailler	to curdle
une cave	a cellar
chauffer (le lait) sans faire bouillir	to scald
une cloche à fromage	a cheese cover
les conditions requises	the requirements
de la crème fraîche	cream
de la crème fraîche du Devon	Devon cream
de la crème fraîche de Jersey	Jersey cream
de la crème fraîche fleurette	low fat cream
légère	single cream
très épaisse	double cream
la croûte	the rind
l'égouttoir	the cheese sieve / the cheese drainer
envelopper	to wrap
l'étiquette	the label

se faire	to mature
façonner	to shape
du fromage à pâte molle	soft cheese
du fromage blanc	cream cheese
blanc (type cancoillotte)	cottage cheese
cru	unpasteurized cheese
	raw cheese
de brebis	ewe's milk cheese
de chèvre	goat cheese
demi-dur	semi-hard cheese
de vache	cow's milk cheese
dur	hard cheese
fondu	cheese spread
frais	soft white cheese
frais fermier	fresh farmhouse cheese
gras	full-fat cheese
maigre	low-fat cheese
pas encore fait	green cheese
pasteurisé	pasteurised cheese
le goût	the taste
un goût fort	a sharp taste
l'industrie fromagère	the cheese industry
le lait	milk
demi écrémé	semi-skimmed milk
écrémé	skimmed
entier	full cream milk
de la moisissure	mould
la mouche du fromage	cheese fly
un moule à fromage	a cheese mould
mûrir	to ripen
l'odeur	the odour
	the smell
l'odeur forte	strong smelling
du pain grillé tartiné de fromage	Welsh rabbit
	Welsh rarebit
persillé	blue-veined
le petit lait	whey

le plateau à fromage	the cheese board
la presse à fromage	the cheese press
pressé	pressed
presser	to press
la présure	rennet
produire	to produce

qui a une forme carrée	square
qui a une forme cylindrique	disk-shaped
qui a une forte odeur	strong smelling
qui a un goût piquant	tangy

râpeux	rasping
la saumure	brine
sécher	to cure
la sonde à fromage	the taster

traire	to milk
la traite	milking
traiter	to process
les trous (du gruyère par ex.)	the air holes

un yaourt	a yoghurt
un yaourt au fruit	a fruit yoghurt

LES PÂTISSERIES

PASTRIES

l'angélique — angelica

une barre de chocolat — a chocolate bar
un beignet — a fritter
a doughnut

un biscuit — a biscuit
du blanc-manger — blancmange
de la bouillie (d'avoine) — porridge
une boule de glace — a scoop of ice cream
une brioche — a bun
une brioche aux raisins — a muffin

un chausson aux pommes — an apple fritter

le chocolat	chocolate
du chocolat a croquer	plain chocolate
au lait	milk chocolate
noir	dark chocolate
un colorant	a colouring agent
de la compote de pommes	apple puree
de la confiture	jam
de la crème anglaise	custard
de la crème Chantilly	Chantilly
de la crème fouettée	whipped cream
de la crème de groseilles à maquereau	gooseberry fool
de la crème renversée	egg custard
une crêpe	a pancake
une crêpe épaisse	a crumpet
la croûte (vol-au-vent), la barquette	the pastry case
un dessert	a dessert
	a sweet
	a pudding
un diplomate	a trifle
un flan	a flan
la garniture	the filling
un gâteau	a cake
un gâteau à la crème	a gateau
un gâteau fourré	a layer cake
un gâteau de Savoie	a sponge cake
une gaufre	a waffle
une gaufrette	a wafer
de la gelée	jelly
une glace	an ice cream
glacé	iced
une gousse de vanille	a pod of vanilla
du gruau	gruel
un grumeau	a lump of flour

hachis de fruits secs et de graisse imbibée de cognac	mincemeat
laisser prendre	to set
en lamelles (ex : amandes)	flaked
un macaron	a macaroon
massepain	marzipan
la menthe	mint
du miel	honey
une miette	a crumb
des paillettes de chocolat	chocolate flakes
du papier aluminium	foil
du papier sulfurisé	greaseproof paper
le parfum	the flavour
les parfums	flavours
de la pâte à beignet	batter
de la pellicule, du film étirable	cling film
un petit pain au lait	a scone
des petits fours	patties, petits-fours
un pinceau à pâtisserie	a pastry brush
une planche à pâtisserie	a pastry board
un plat à tarte	a baking tin
à plusieurs couches	layered
une pomme au four (enrobée de pâte brisée)	an apple dumpling
un préservateur	a preservative
un pudding de Noël	a Christmas pudding
recouvert de	coated with
du riz au lait	rice pudding
saupoudré	dusted
du sirop	syrup
un sorbet	a sorbet
	a sherbet
du sucre vanillé	vanilla sugar
une tarte	a pie
	a tart
au mincemeat	a mince pie
la température ambiante	the room temperature

la vanille	vanilla
du sucre glace	icing sugar

LE PAIN / BREAD

une boîte à pain	a bread pan
la boulangerie	the bakery
une corbeille à pain	a bread basket
une couronne de pain	ring-shaped bread
la croûte	the crust
un croûton	a crouton
faire lever	to leaven
une huche à pain	a bread bin
le levain	leaven
lever (la pâte)	to rise
miettes (de pain)	(bread) crumbs
un pain	a loaf of bread
du pain bis	brown bread
blanc	white bread
complet	wholemeal bread
de froment	wheaten / wheatbread
d'épice	gingerbread
de sarrasin	buckwheat bread
de seigle	rye bread
de seigle complet	pumpernickel
fait maison	home-made bread
grillé	toast
rassis	stale bread
sans levain	unleavened bread
un petit pain	a roll
le pétrin	the kneading trough
un quignon de pain	a hunk of bread
une tranche de pain grillé	a piece of toast

LA FARINE

BAKING POWDER (US) / FLOUR (GB)

de la farine avec levure incorporée
  complète
  d'avoine
  de blé
  de seigle
  de maïs
  de sarrasin
  de son

self-raising flour
wholemeal flour
oatmeal
wheat flour
rye flour
corn flour
buckwheat flour
bran flour

LA PÂTE

THE DOUGH / PASTRY

de la pâte à chou
  à pain

  à crêpes

  brisée
  feuilletée
  filo (très fine)
  sablée

chou pastry
dough

batter

pie pastry, shortcrust
puff pastry
filo pastry
short pastry

LE SUCRE

SUGAR

le sucre brun
  candi
  cristallisé
  de canne
  d'érable
  d'orge

brown sugar
candy sugar
granulated sugar
cane sugar
maple sugar
barley sugar

en poudre	caster sugar
glace	icing sugar

LES SUCRERIES / SWEETS / CONFECTIONERY

un assortiment	an assortment
de la barbe à papa	candy floss
un bonbon au caramel dur	a toffee
du caramel	caramel
des confiseries, des friandises	sweet meats
de la crème de marrons	chestnut cream
de la friandise au caramel mou	fudge
de la guimauve	marshmallow
un marron glacé	a candied chesnut
pâte d'amande	marzipan
du réglisse	licorice
pâte de fruit	fruit jelly

LES GOÛTS / TASTES

acide	sour
acidulé	tangy
agréable au goût	palatable
aigrelet	tart
alléchant	mouth-watering
amer	bitter
appétissant, délicieux	delicious
	tasty
	appetising

croquant	crunchy / crisp
délicat	dainty
doux, sucré	sweet / sugary
du jour	of the day
être gourmand	to have a sweet tooth
exquis	exquisite
fade	bland
frais	fresh / cool
frugal	scanty
le goût	the flavour / the taste
au goût délicieux	tasty
gras	greasy / fat
immangeable	inedible
lourd	heavy / stodgy
mangeable	edible
rassis	stale
savoureux	savoury (veut dire aussi non sucré)
sirupeux	syrupy

LES BOISSONS / DRINKS / BEVERAGES

une armoire réfrigérée	a chiller cabinet
une boisson alcoolisée	an alcoholic drink
au cacao	cocoa

contenant peu d'alcool	a low-alcohol drink
fraîche	a cold drink
	a fresh drink
gazeuse	a fizzy drink, fizzy water
non alcoolisée	a soft drink
de la citronnade	lemon squash
du jus concentré	concentrated juice
du jus de fruit	fruit juice
du jus de fruit frais	freshly squeezed fruit juice
	fresh fruit juice (US)
de la limonade	lemonade
du lait fouetté	milk shake
un magasin autorisé à vendre des boissons alcoolisées	an off licence
de l'orangeade	orange squash
rafraîchir	to cool
	to chill

L'EAU / WATER

de l'eau carbonatée	carbonated water
de source	spring water
en bouteille	bottled water
gazeuse	soda water
minérale	mineral water
plate	still water
potable	drinking water
pétillante	sparkling fizzy water

LES ALCOOLS

LIQUORS / SPIRITS

un apéritif	an appetiser drink/an aperitif
la boisson est comprise dans le prix	drinks are included in the price
non comprise	not included
du champagne	champagne
du cidre	cider
un cocktail	a cocktail
le degré d'alcool	the alcohol level
un digestif	a liqueur
l'eau de vie	apple brandy (pear brandy, plum brandy, etc.)
de la fine, du cognac	brandy
du gin (génevrier)	gin (juniper)
de la liqueur	liqueur
une liqueur	a cordial
du porto	port
du rhum (mélasses)	rum (molasses)
un rhum chaud	a hot toddy
la teneur en alcool	the alcohol content
en sucre	the sugar content
du vin de Xérès	sherry
du vin cuit	fortified wine
du whisky	whisky scotch
du whisky irlandais	whiskey

La bière

Beer

de la bière blonde	lager
blonde légère	pale ale
	light ale

brune	porter
brune forte	stout
	black beer
maison	home-brewed beer
pression	draught beer
	beer from the tap
sans alcool	alcohol-free lager
la bière traditionnelle	ale, real ale
brasser	to brew
une brasserie	a brewery
un brasseur	a brewer
une demi-pinte	half a pint
la fermentation	fermentation
du houblon	hops
la levure	yeast
de l'orge	barley
du malt	malt
la mousse	froth
un panaché	a shandy
une pinte	a pint
du madère	madeira wine

Le vin

l'adret	the sunny slope
un affréteur	a shipper
âpre	pungent
l'arôme	the aroma
avaler d'un trait	to swig down
avoir la gueule de bois	to have a hangover
boire	to drink
boire à longs traits	to quaff
	to swill
le bouchon	the cork
bouchonné	that tastes of cork
le bouquet	the bouquet

une boutique de marchand de vin brut	a wine merchant shop brut
capiteux	heady
une cave	a cellar
un cellier	a wine vault
le climat	the climate
les conditions d'entrepôt	storage conditions
cultiver	to grow
une cuve	a vat
déboucher (une bouteille)	to uncork (a bottle)
dur	harsh
élégant	elegant
s'énivrer	to get drunk
l'ensoleillement	sunshine exposure
épicé	spicy
un établissement viticole	a winery
être éméché	to be tipsy
faire effervescence	to effeversce
faire la fête / s'énivrer	to booze
un fournisseur	a supplier
	a purveyor
fruité	fruity
un fût, un tonneau	a cask
	a barrel
gai	lit up
généreux	generous
	robust
un goûteur de vin	a wine taster
un grand vin	a vintage wine
une grappe de raisin	a bunch of grapes
du gros rouge/jaja	plonk
incliner la bouteille	to tilt the bottle
l'industrie vinicole	the wine trade
ivre mort	sozzled
	stoned
un ivrogne	a drunkard

la ligue anti alcoolique	the teetotal league
liquoreux	syrupy
	sweet
mettre en bouteille	to bottle
le moût	must
le muselet	the wire muzzle
mûr	ripe
mûrir	to ripen
nerveux	crisp
s'occuper, soigner des vignes	to tend vines
l'œnologie	oenology
le parfum	the fragrance
parfumé	fragrant
la période des vendanges	harvest time
une personne qui ne boit jamais d'alcool	a teetotaller
un petit vin	a local wine
picoler	to tipple
de la piquette	sour wine
un plant autorisé	an authorised plant
un plant de vigne	a (wine) plant
un pressoir	a wine press
un producteur	a producer
la production/récolte	the yield
produire, rapporter	to yield
la qualité	quality
la quantité	quantity
qui a du corps	full-bodied
qui a un goût de terroir	that has a tang
racé	strong-bodied
le raisin	grapes
du raisin blanc	white grapes
noir	dark grapes
	black grapes
la récolte	the crop

le règlement (les normes concernant les alcools)	the wine regulations
saoul	drunk
	drunken
le savoir faire	the expertise
siffler (du vin)	to guzzle
siroter	to sip
sobre	sober
le sol	soil
un sol graveleux	gravelly soil
meuble	loose soil
	crumbly soil
riche	rich soil
rocailleux	rocky soil
	pebbly soil
sablonneux	sandy soil
subtil	subtle
le tanin	tannin
un taste-vin	a wine-tasting cup
très connu/réputé	highly reputed
l'ubac	the shady slope
vendanger	to harvest the grapes
les vendanges	the (wine) harvest
un vendangeur	a grape-picker
un verre	a glass
à pied	a stemmed glass
à vin	a wine glass
de dégustation	a wine-tasting glass
vieillir	to age
une vigne	a vine
un vigneron	a wine grower
un vignoble	a vineyard
du vin blanc	white wine
du vin chaud	mulled wine
coupé	diluted wine
cuit	cooked wine
de Bourgogne	Burgundy wine

de table	table wine
doux	sweet wine
du Rhin	Hock
moelleux	mellow wine
mousseux	sparkling wine
nouveau	new wine
	green wine
ordinaire	common wine
rosé	rosé wine
rouge	red wine
du vin rouge de Bordeaux	claret / Bordeaux wine
du vin sec	dry wine
ce vin doit se boire frais	this wine should be drunk cold
vineux	vinous
la vinification	wine making

THE
CLIENTELE
THE
CUSTOM

LE SÉJOUR / THE STAY

s'arrêter dans un hôtel	to put up at a hotel
la basse saison	the low season / the off-peak season
le bureau régional du tourisme	the regional tourist board
camper	to camp
la demi-pension	half-board accommodation
descendre dans un hôtel	to put up at a hotel
un forfait	a package
la haute saison	the high season / the peak season
l'hébergement avec équipement de cuisine	self-catering accommodation
l'industrie du tourisme	the holiday industry
l'industrie hôtelière	the hospitality industry
l'organisation nationale du tourisme en GB	the BTA (Bristish Tourist Authority)
louer un appartement	to rent a flat/an apartment
louer un taxi	to hire a taxi
la lune de miel	honeymoon
partir en voyage de noce	to go on honeymoon
passer une nuit (dans un hôtel)	to stay overnight (in a hotel)
le patrimoine touristique	heritage
la pension complète	full-board accommodation / American plan
profiter de	to take advantage of / to profit by (from)
saisonnier	seasonal
un séjour dans un hôtel	a hotel stay
de 2 jours	a two-day stay
de courte durée	a break / a week-end break / a short break

séjourner dans un hôtel	to stay at a hotel
le syndicat d'initiative	the tourist information centre
un tarif spécial	a special rate
	a special break

LE CLIENT / THE CLIENT

un adolescent	a teenager
un adulte	an adult

UN ENFANT / A CHILD

une baby-sitter	a baby-sitter
un bambin	a toddler
un bavoir	a bib
un biberon	a feeding bottle
un bébé	a baby
une chaise haute	a high chair
un change	a nappy
un gamin (familier)	a kid
un landau	a pram
une nurse	a nanny
une poussette	a push chair
un système de surveillance des enfants	a baby-listening device
une tétine	a teat

UN CLIENT / A CLIENT

aisé	well-off
un client de passage	a transient-client
important	a VIP (Very Important Person)

régulier	a regular client
	a repeat client
les clients	the customers
	the guests
la clientèle étrangère	
(d'au delà des mers)	overseas visitors
un couple	a couple
exigeant	demanding
une personne du 3e âge	a senior citizen (US)
une personne du 3e âge	an old age person (OAP)
	an elderly person
une personne seule	a single person
	a person on his (her) own
perspicace	discerning
riche	wealthy
un touriste	a tourist
un visiteur étranger	a foreign visitor

LES CENTRES MÉDICALISÉS / COMMUNITY HEALTH CENTRES

l'Assistance Publique	the Social Welfare
une bactérie	a bacterium (bacteria au pl.)
une béquille	a crutch
une calorie	a calorie
une chaise roulante	a wheelchair
un chariot	a serving trolley
le cholestérol	cholesterol
la contamination	contamination
la contamination en chaîne	cross contamination
désinfecter	to disinfect
être aveugle	to be blind
une exigence	a requirement

la graisse	fat
le grand âge	old age
gratuit	complimentary
	free
gériatrique	geriatric
une infirmière sur place	an in-house nurse
une personne handicapée	a handicapped / disabled person
les personnes du 3e âge	the elderly
la quantité de cholestérol absorbée	the cholesterol intake
la Sécurité Sociale	Social Security (France)
	The National Health Service (GB)
les soins médicaux	medical care
un traitement, un soin	a care
	a treatment

LES CONFÉRENCES / CONFERENCES

l'acoustique	acoustics
une agrafeuse	a stapler
l'air conditionné	air conditioning
un amplificateur	an amplifier
un atelier	a workshop
une bande magnétique	a tape
un bloc-papier	a notepad
une bobine	a spool
une caméra vidéo	a video recorder
	a camcorder
un chariot (pour diapos)	a cartridge
un chevalet (pour le nom)	a name board
un circuit interne de télévision	a closed circuit TV
un classeur, une chemise	a folder

une conférence	a conference
un congressiste	a delegate
une convention	a convention
de la craie	chalk
un effaceur	a duster
	a board cleaner
l'éclairage	lighting
des écouteurs	earphones
un écran	a screen
un écran de télévision	a monitor
un épiscope	an epidiascope
l'équipement	the equipment
une gomme	an eraser
un haut parleur	a loudspeaker
un(e) homme (femme) d'affaires	a businessman (woman)
l'isolation phonique	sound proofing
une lampe de secours	a spare bulb
un lieu de conférence	a venue
un lecteur de DVD	a DVD player
un appareil de photo numérique, caméra numérique	a digital camera
un lutrin, un pupitre	a lectern
une machine à écrire	a typewriter
un magnétophone	a tape recorder
	a cassette recorder
un magnétoscope	a videotape recorder
un marteau	a gavel
le matériel	the material
un microphone	a microphone
un panneau d'affichage	a notice board
du papier carbone	carbon paper
pour machine à écrire	typing paper
la photocopie	photocopying, Xeroxing (US)
un pointeur	a pointer
un projecteur	a spotlight
8 / 16 mm	an 8 / 16 mm projector

diapos	a slide projector
la reproduction	duplicating
un rétroprojecteur	an overhead projector
une salle de réunion	a meeting room
un séminaire	a seminar
des stylos pour tableau blanc	felt pens
un système de communications orales	a P.A. system
un système de traduction simultanée	simultaneous interpreting equipment
un tableau	a blackboard
un tableau à feuilles	a flip chart
un tableau blanc	a white board
une télécommande	a remote control
des transparents	transparencies
un trombone	a paper clip
la ventilation	ventilation

LES CENTRES DE REMISE EN FORME / HEALTH CENTRES/SPAS

une affection (maladie)	an affection
l'algothérapie	algotherapy seaweed treatment
une affection	an ailment
des algues	seaweed
une allergie	an allergy
l'amélioration	improvement
améliorer	to improve
l'arthrite	arthritis
l'asthme	asthma
un enveloppement de boue	a mud wrap
une baignade en mer	sea bathing
se baigner	to bathe

un baigneur	a bather
un bain	a bath
un bain de boue	a mud bath
un bassin	a pool
un bienfait	a benefit
un bilan	a check up
de la boue	mud
une bronchite	bronchitis
bénéfique	beneficial
cardio-vasculaire	cardio-vascular
un casier	a locker
la cendre	ash
un centre de thalassothérapie	a thalassotherapy centre
	a sea water therapy centre
un centre thermal	a spa
la chaleur	heat
chronique	chronic
la circulation sanguine	blood circulation
le contrôle du poids	weight control
curatif	curative
	healing
une cure	a cure
un curiste	a cure-taker
un diabétique	a diabetic
le diabète	diabetes
une diète, un régime	a diet
un diététicien	a dietician
dorloter	to pamper
une dépression	a depression
se détendre	to relax
l'eau	water
de source	spring water
gazeuse	sparkling water
minérale	mineral water
envelopper	to wrap
être au régime	to be on a diet
être fatigué	to be tired
être épuisé	to be exhausted

la fatigue	fatigue
gastrique	gastric
guérir	to heal
les habitudes alimentaires	eating habits
un handicapé	a handicapped person / a disabled person
l'humidité	humidity
une inhalation	an inhalation
une insomnie	insomnia
un jacuzzi	a whirlpool bath
un kinésithérapeute	a physiotherapist
marin (adjectif)	marine
un massage	a massage
un médecin	a doctor
un menu diététique	a dietetic menu
se mettre au régime	to go on a diet
un nutritionniste	a nutritionist
une piscine	a pool
une piscine couverte	an indoor pool
le poids	weight
prendre les eaux	to take the waters
pris en charge par la S.S.	approved by the NHS
un problème	trouble
des problèmes respiratoires	breathing problems / breathing trouble
un programme de remise en forme	a health and fitness programme
la propriété (d'une eau, etc.)	property
la rééducation	rehabilitation / physiotherapy
un rhumatisme	rheumatism
sain	healthy

la santé	health
un soin	care
la souffrance	pain
le soulagement	relief
le soulagement de la douleur	pain relief
une source thermale	a spring
une station thermale	a health resort
	a spa
le stress	stress
la thalassothérapie	thalassotherapy
thermal	thermal
les thermes	the therms
	the baths
une thérapie	a therapy
une thérapie d'amaigrissement	a slimming therapy
une thérapie post-accidentelle	a post-accident therapy
une thérapie post-opératoire	a post-operative therapy
tonifiant	bracing
	invigorating
tonique (adjectif)	tonic (adjective)
un traitement	a treatment
la vapeur	steam
les vestiaires	the changing rooms

LES LOISIRS

LEISURE

LES DISTRACTIONS DE PLEIN AIR

OUTDOOR ENTERTAINMENTS

les activités de plein air	outdoor activities
aller en randonnée	to go trekking / hiking
	to go rambling
aller se promener : à pied	to go for a walk
en vélo, à cheval	to go for a ride
en voiture	to go for a drive

un bateau de croisière	a cruise boat
un circuit en autocar	a coach tour
un court de tennis	a tennis court
sur gazon	a grass court
en terre battue	a hard court
une croisière	a cruise
faire une croisière	to go on a cruise
un débutant	a beginner
une destination	a destination
une équipe	a team
l'équitation	horse-riding
le filet	the net
flâner	to stroll
	to wander
le golf	golf
un jeu	a game
un jeu d'adresse	a game of skill
un jeu de boules sur gazon	bowling
jouer au tennis	to play tennis
un joueur de tennis	a tennis player
la location de voiture	car hire
	car rentral
moniteur	instructor
partir / être en vacances	to go on holiday
	to be on holiday
un passe temps	a pastime
un passe temps favori	a hobby
un passionné de sports	a sports fan
	a sports addict
le patinage à roulettes	roller skating
la pêche	fishing
la randonnée	trekking
	rambling
	hiking

le ski	skiing
un skieur	a skier
un skieur confirmé	an expert
sportif (une personne)	athletic
relatif au sport	sporting (activities)
le tennis	tennis
un terrain de golf	a golf course
le tourisme vert	rural tourism
un trou	a hole
les vacances	holiday
	vacation (US)
les vacances échelonnées	staggered holidays
un vacancier	a holiday maker
	a vacationer (US)
un village vacances	a holiday camp
	a holiday club
	a holiday village

LES DISTRACTIONS D'INTÉRIEUR

INDOOR ENTERTAINMENTS

l'amusement	amusement / fun
s'amuser	to have fun
l'as	the ace
le billard	billiards
	snooker
une boîte de nuit	a discotheque (a disco)
carreau	diamond
les cartes	cards
cœur	heart
les dames	draughts
la danse	dancing
danser	to dance
un dé	a die (pl. : dice)
les dominos	dominoes
les échecs	chess
un échiquier	a chessboard

un jeu de société	a board game
un jeu de hasard	a game of chance
jouer (jeux de hasard)	to gamble
parier	to bet
jouer aux cartes	to play cards
une partie d'échecs	a game of chess
une partie de cartes	a game of cards
le patinage sur glace	ice skating
patiner	to skate
une patinoire	a (skating-) rink
pique	spade
regarder la télévision	to watch television/TV
la reine	the queen
le roi	the king
une salle de jeux électroniques	an amusement arcade
trèfle	club
un téléviseur	a television set
la télévision	television
le valet	the knave
	the jack

LES JEUX D'ÉQUIPE — TEAM GAMES

le but (cricket)	the wicket
le but (football)	the goal
le cricket	cricket
le football	football
	soccer
le gardien de but	the goal keeper
le hockey	hockey
marquer	to score
le terrain de football	the football ground

LES SPORTS AQUATIQUES

WATER SPORTS

faire de la planche à voile

to go wind surfing

la natation

swimming

une pataugeoire
une piscine
  couverte

a paddling pool
a swimming pool
a covered (indoor) swimming pool

  en plein air
la plongée avec bouteilles
  avec tuba
le polo

an open air swimming pool
scuba diving
snorkelling
polo

la voile

sailing

le water polo

water polo

LES SALLES DE REMISE EN FORME

FITNESS CENTRES

l'abonnement
un banc
la barre

the membership fee
a bench
the barbell

un club de remise en forme
un cours d'aérobic
une douche
un droit d'entrée

a health club
an aerobic class
a shower
a joining fee

une esthéticienne

a beautician

faire travailler les muscles
la forme

to exercise muscles
fitness

un hammam
un hydromasseur

a steam room
a jet blitz

se maintenir en forme

to keep fit
to keep trim

un masque de beauté

a facial mask

un poids

a weight

un rameur	a rowing machine
réglable	adjustable
rester en forme	to stay fit
une salle d'aérobic	an aerobic studio
de gymnastique	a gym
	a gymnasium
un sauna	a sauna
un solarium	a solarium
soulever un poids	to lift a weight
un tapis roulant de course	a running machine
de marche	a stepping machine
un transat	a sunbed
un vélo d'intérieur	a cycling machine

LABOUR

L'ÉDUCATION ET LA FORMATION

EDUCATION AND TRAINING

apprendre à	to learn how to
un apprenti	an apprentice
l'apprentissage	apprenticeship
l'apprentissage professionnel	vocational training
l'assiduité	regularity
assister à un cours	to attend a lesson / a class
une bourse d'étude	a student's grant
	a scholarship
un boursier	a grant holder
une carrière	a career
un certificat de scolarité	an attestation of attendance at school
un certificat de travail	an attestation of employment
une classe (groupe d'élèves)	a form
	a class
les compétences	skills
un coordonnateur	a co-ordinator
un cours	a lesson
	a lecture
	a class
un cours accéléré	a crash course
un diplôme	a diploma
	a degree
échouer	to fail
une école de formation professionnelle	a vocational school
une école technique	a technical school
un élève	a pupil
un enseignant	a teacher
	a lecturer
les enseignants	the school staff

être collé	to be failed
être compétent	to be skilled
	to be proficient
un étudiant	a student
un examen	an exam
un examen blanc	a mock exam
un examen de passage	an end-of year exam
écrit	a written exam
oral	an oral exam
l'expérience	experience
faire des heures supplémentaires	to work overtime
un formateur	a trainer
la formation à l'intérieur de l'entreprise	in-house training
la formation post scolaire	further education
une formation professionnelle	professional education
une formation par alternance	a sandwich course
former	to train
les frais d'inscription	the matriculation fees
	the registration fees
les heures supplémentaires	overtime
l'inscription (à une école)	the matriculation
l'inscription (à un examen)	the enrolment
s'inscrire	to matriculate
	to enrol
	to register
un internat	a boarding school
un interne	a boarder
le jury	the jury
un lauréat	a graduate
un lycée	a college
les matières	the subjects
les notes	the marks
obtenir son diplôme	to graduate
les occasions	opportunities

un plan de formation des jeunes	a YTS (Young Training Scheme)
préparer un examen	to study for an exam
se présenter à un examen	to sit for an exam
	to take an exam
le programme scolaire	the syllabus
réussir un examen	to pass an exam
une salle de classe	a classroom
une série de cours	a course
l'université	the university

L'EMPLOI / EMPLOYMENT

un accident de travail	an industrial injury
l'ambition	ambition
améliorer	to improve
assez bien	fair
	fairly good
atteindre un objectif	to reach an objective
	to achieve an objective
attentif	attentive
une augmentation de salaire	a wage increase
avantages en nature	perks
avoir du travail en retard	to be behind with one's work
bon, bien	good
le candidat (à l'emploi)	the applicant
la candidature (emploi)	the application
le chômage	unemployment
un collègue	a colleague
un comité d'entreprise	a work's committee
le comportement	the behaviour
se comporter	to behave
les conditions de travail	the working conditions
les conditions d'un contrat	the terms

se consacrer à	to devote oneself to + BV + ing
un contrat	a contract
à durée déterminée	a short-term contract
à durée indéterminée	a long-term contract
un curriculum vitae	a curriculum vitae
	a resume
une déclaration écrite	a written statement
démissionner	to resign
déposer une plainte	to lodge a complaint
un descriptif d'emploi	a job description
désireux de bien faire / intéressé	eager/keen
le dévouement	dedication
	commitment
donner sa chance à quelqu'un	to give someone a chance
un échelon	a grade
un effort	an effort
embaucher	to hire
un emploi	a job
à temps partiel	a part-time job
à temps plein	a full-time job
d'encadrement	a senior job
gratifiant	a rewarding job
l'employeur	the employer
un employé	an employee
un entretien	an interview
être attentif à	to pay attention to
être au chômage	to be unemployed
	to be on the dole
être bon (en anglais)	to be good at (English)
être intéressé par	to be interested in
être motivé	to be motivated
être promu	to be promoted
être qualifié	to be qualified
être responsable de	to be responsible for
	to be in charge of
étudier	to study
excellent	excellent
un extra	a casual
	an extra

faire un effort	to make an effort
une faute (professionnelle)	misconduct
la feuille de présence	the attendance sheet
la formation continue	in-house training
gagner (de l'argent)	to earn
une grève	a strike
la hiérarchie	hierarchy
un homme de métier	a professional
une indemnité de chômage	unemployment benefits
intelligent	intelligent
	clever
l'intérêt	the interest
une lettre d'accompagnement	a covering / cover letter
limoger	to fire
	to sack
	to dismiss
la main d'œuvre	the work force
	the manpower
maîtriser une matière	to master a subject
le manque de personnel	the staff shortage
mener à bien	to complete
se mettre en / faire la grève	to go / be on strike
la motivation	motivation
motiver	to motivate
moyen	average
qui nécessite une main d'œuvre importante	labour intensive (adj.)
négocier	to negotiate
le niveau de vie	the standard of living
nommer quelqu'un directeur	to appoint someone manager
un objectif	an objective
passable	passable
	tolerable
une période d'éssai	a trial period
une petite annonce	an ad

pointer	to clock in
un poste	a post / position
le poste (occupé par un employé)	the position
un poste / travail / emploi	a job
un poste à suppléer (embauche)	a vacancy
le pouvoir d'achat	the purchase power
	the purchasing power
la pratique	practice
pratiquer	to practise
une prime	a bonus
progresser / améliorer	to improve
un projet, un programme	a scheme
la promotion	promotion
les prud'hommes	the industrial tribunal
un préavis	a notice
se présenter pour un emploi	to apply for a job
	to put in for a job
la qualification	qualification
un rapport	a report
une récompense	a reward
une récompense, un prix	an award
rédiger un rapport	to write a report
remplir les conditions	to meet the conditions
	to fulfil the conditions
renoncer à sa carrière	to renounce one's career
le renouvellement du personnel	staff turnover
renvoyer	to expel
renvoyer (pour quelques jours)	to suspend
réviser	to revise
	to do one's revision
le salaire	the salary
	wages
le secrétaire général du syndicat	the union leader
servir d'intermédiaire avec	to liaise with
signer un contrat	to sign up a contract
	to fill up a contract
un stage	a work placement
	an internship (US)

	a release placement
	an industrial placement
un stage accéléré	a crash course
de recyclage	a refresher course
sur mesure	tailor-made training
un stagiaire	a trainee
la stimulation	incentive
stimuler	to stimulate
un syndicaliste	a trade unionist
un syndicat	a trade union
la théorie	theory
un travail à temps partiel	a part time job
au noir	moonlighting
travailler comme	to work as a
travailleur (adj.)	hard-working
très bien, satisfaisant	very good
hautement qualifié	highly skilled

LE PERSONNEL DE CUISINE / THE KITCHEN STAFF

une brigade	a brigade
le chef de cuisine	the head chef
	the executive chef
le chef de partie	the chef de partie
le chef du garde manger	the larder chef
	the larder cook
le chef pâtissier	the pastry chef
le commis	the commis
le communard	the staff chef
	the staff cook
l'entremêtier	the dessert chef
	the dessert cook
le grillardin	the short order chef
	the short order cook

le plongeur	the diswasher
le saucier	the sauce chef
	the sauce cook
le sous-chef	the sous chef
le tournant	the roundsman

LE PERSONNEL DE RESTAURANT

THE DINING ROOM STAFF

le chef de partie	the chef de partie
le chef de rang	the captain
le commis	the commis
le directeur des banquets	the banqueting manager
l'hôtesse	the hostess
le maître d'hôtel	the head waiter
	the maître d'
le serveur	the waiter
le serveur (service à l'anglaise)	the silver service waiter
la serveuse	the waitress
le sommelier	the wine waiter
le directeur de la restauration	the F&B manager

LE PERSONNEL DE L'HÔTEL

THE HOTEL STAFF

LE PERSONNEL EN CONTACT AVEC LE PUBLIC

THE FRONT OF THE HOUSE STAFF

le bagagiste	the porter
le chef réceptionniste	the head receptionist
le concierge	the concierge

l'employé à l'information	the inquiries clerk
le groom	the bell boy
l'hôtelier	the hotelier the hotel keeper
l'hôtesse d'accueil	the hostess
le liftier	the lift boy
le réceptionniste, le réceptionnaire	the receptionist the reception clerk
le/la standardiste	the swichboard operator the telephone operator
le veilleur	the night watchman
le voiturier	the door attendant

LE PERSONNEL EN CONTACT LIMITÉ AVEC LE PUBLIC
THE BACK OF THE HOUSE STAFF

le caissier	the cashier
le comptable	the accountant
le comptable assigné à la vérification des comptes	the night audit
le directeur d'exploitation	the resident manager
le directeur de l'hébergement	the accommodation manager
le directeur général	the (executive, general) manager
le directeur de la réception	the front-office manager
la femme de chambre	the chambermaid the room attendant
la gouvernante	the housekeeper
la gouvernante assistante	the deputy housekeeper
la gouvernante chef	the head housekeeper
la secrétaire	the secretary
le sous directeur	the assistant manager the trainee manager

le valet

the valet

les accidents du travail

work injuries

se couper le doigt
s'ébouillanter
tomber d'une échelle
se tordre la cheville

se casser la jambe

to cut one's finger
to scald oneself
to fall off a ladder
to sprain one's ankle
to twist one's ankle
to break one's leg

INDEX

accessories	49	an apple	67	a bag	46
accommodation	106, 129	appliances	41	to bail for	33
		to apply		a bain marie	55
the accountant	129	for a job	126	to bake	58
accountancy	31	to appoint	125	the bakery	94
the ace	116	an apprentice	121	a balance	33
to achieve	24, 123	approved	113	a banana	66
acoustics	109	an apricot	66	bankruptcy	32
an ad	24, 125	an apron	46	a banquet	85
to add	57	the aroma	100	the barbell	118
an addict	115	an arcade	117	a bargain	31
the address	13	an arrangement	82	barley	100
the addressee	36	an arson	47	a barmaid	79
adjustable	119	arthritis	111	the barometer	24
an adult	107	an artichoke	63	a barrel	57, 101
an advertisement	24	ash	112	a bartender	79
aerobics	118, 119	an ashtray	82	a base	28
an affection	111	asparagus	63	a basement	13
(to be) afraid of	50	an assessment	35	basil	62
to age	103	an asset	24	a basin	55
an agent	34, 92	the assets	31	a basket	22, 94
aid	51	assistance	51	a bass	68
an aim	24	an assortment	96	to baste	57
ale	99, 100	asthma	111	a bath	21, 112
algotherapy	111	athletic	116	to bathe	111
an allergy	111	the atmosphere	81	a bathrobe	22
an allowance	35	the atrium	11	a bathroom	13, 21, 41
an almond	68	to attain	24		
the amenities	11	to attend	121	batter	93, 95
an amplifier	109	an attendant	129	(to be) behind	
amusement	116, 117	attentive	123	with one's work	123
to analyse	28	an attestation	121	a bonus	33, 126
an anchovy	68	to audit	34	to book	14, 83
angelica	91	authorized	102	a booklet	19
aniseed	62	automatic	16, 17	a boom	28
an anniversary	85	average	125	a booth	10, 15
an ant	38	an avocado	64	to booze	101
to anticipate	27	to award	12	borage	62
an apartment	18, 106	backlog	24	a bottle	55
		backup	30	to bottle	102
appetising	96	bacon	74	a bouquet	81
an aperitif	99	a bacterium	108	the bouquet	100

a bowl	55, 56, 84
bowling	115
a box	61
a bra	46
braces	44
bracing	114
brains	73
to braise	58
brandy	99
brass	57
a brasserie	78
bread	60, 83, 87, 94
a break	106
to break	38
to break even	33
breakfast	87
a bream	69
the breast	73
to brew	100
briefs	46
a brigade	127
a brill	68
the brim	79
brine	91
the B.T.A.	106
the brisket	74
broccoli	64
a broiler	54
bronchitis	112
a broom	40
broth	73
to brown	58, 59
beef	72
beer	78, 99, 100
a beet	64
a beetroot	64
a beginner	115
to behave	123
the bellboy	129
the belly	72
a belt	44
a bench	118

beneficial	112
a benefit	112
a berry	66
the best end neck	72
a beverage	78
a bib	107
a bilberry	67
the bill	83
billiards	116
a bin	53
a biro	20
a birthday	85
a biscuit	91
bitter	96
a blackberry	67
a blackcurrant	66
the blade	74
to blanch	58
blancmange	91
bland	97
a blanket	18
to bleach	43
a blender	56
a blind	20
blind	108
a blouse	45
to blow up	49
to blow	39
a boarder	122
a boat	84, 115
a sauce boat	84
the body	36
to boil	42, 58
a boiler	53
a bolster	20
to bone	58
a bone	74
brunch	87
a brush	21, 23, 40, 93
a bucket	79

buckwheat	94, 95
a budget	12
a buffet	82
a bulb	41
a bun	91
a bunch	67
a burglar	48
to burn	47
a businessman	110
the butcher	73
butter	58, 60, 89
buttermilk	89
a button	44
a byte	30
a cabbage	64
a cabinet	53
a caddy	85
a café	78
a cake	92
a calf	75
a call	15
a calorie	108
a camcorder	109
to camp	106
a campaign	24
a can	56, 61
to cancel	13, 28
a candlestick	82
candy	95, 96
a canopy	11
a canteen	78
a capon	75
the captain	128
a card	32
cardamom	62
cardio-vascular	112
cards	116
care	114
a career	121
a carp	68
the carpet	42
a carrot	64

133

a carton	62	a cheque	31, 32, 34	cling film	62, 93
the carte	86	a cherry	66	a clip	111
a cartridge	28, 109	chervil	62	clippers	21
to carve	58	chess	116	the cloakroom	13
to cash in	13	a chest	212	a cloche	81
a cashew	68	of drawers	18	a clock	20, 126
the cashier	129	a chestnut	68	to clock in	126
a case	17, 20, 23, 54, 92	a chick	75	clogs	46
a cask	101	a chicken	75	to close	29
a casserole	74	chickpeas	64	a cloth	40, 41, 43, 56
a casual	124	a chicory	64	clothes	46
casualties	50	to chill	98	a clove	63
a catch	70	china	84	cloves	62
catering	81	chintz	42	club	117
a catfish	69	a chip	30	a club	116, 117, 118
a cauliflower	64	to chip	58	a coach	115
a celebration	85	chips	88	a coaster	55
celeriac	64	chitterlings	75	to coat	59, 60
celery	64	chives	62	a cockerel	75
a cellar	89, 101	to choke	49	a cockle	70
a salt cellar	84	a chop	73	a cockroach	38
cellophane	61	to chop	72, 73	a cocktail	99
a chair	21	a christening	85	cocoa	97
chalk	110	chronic	112	a coconut	68
a challenge	25	the chuck	74	a cod	68
a chambermaid	129	chutney	65	a code	16
a chandelier	19	cider	99	coffee	19, 54, 55, 78, 84
change	33	cinnamon	62	a coin	16
to change	37	a circuit	41, 109	a colander	56
to char	58	circulation	112	coleslaw	88
a charge	16, 34	a citizen	108	a collar	45
to charge	15	a clam	70	a colleague	123
(to be)		claret	104	to collect	43
in charge of	124	a class	121	a collector	35
charming	81	to classify	11	a college	122
a chart	29, 111	a classroom	123	colourfast	43
to check	15, 32	clean	38	a comb	22
the check	14, 31, 32, 42, 50, 112	to clean	38, 43	comfortable	82
cheese	88, 89, 90, 91	to clear	82	the commis	127, 128
		the clerk	129	a committee	123
		clever	125		
		the climate	101		

commitment	124	to core	59	a crumpet	92
a compactor	54	the core	66	crunchy	97
competition	25	coriander	62	to crush	58
complaints	39	the cork	100	the crust	94
to complete	125	a corkscrew	57	a crutch	108
complimentary	109	cornflour	95	to cry	50
a computer	30	a corridor	11	a cube	80
the concierge	128	cos	65	a cucumber	64
air-conditioning	40	cosmetics	21	a cuff	46
a condom	38	a cost	26	cuisine	53
confectionery	96	cost-effective	26	cumin	62
a conference	110	cosy	82	a cummerbund	44
to confirm	13	a cot	19	a cup	57
a confirmation	13	cotton	42	a cupboard	19, 53
a conger	69	the counter	53, 78	curative	112
congested	16	a counterfoil	34	to curb	48
(to be) connected	17	a coupon	36	curd	89
a consomme	73	a courgette	64	to curdle	89
a consortium	10	a course	123	to cure	60, 91
consumption	25, 32	a court	115	curing	61
to contain	50	a cover	43	currency	13
contamination	108	to cover	58	a currant	67
the content	99	a crab	70	a cursor	28
a contract	124	to crack	39	a curtain	20
a control	18, 38,	a cranberry	66	custard	92
	111, 112	a cravate	45	a customer	32
a convention	110	a crawfish	71	a cut	74
the cook	58, 59,	cream	80, 89	to cut	58
	61, 127, 128	to cream	60	the cutlery	55, 84
to cook	58	a crease	43	a cutlet	73
cook chill	61	a creditor	32	a cuttlefish	70
cook freeze	61	cress	64	a dab	69
a cooker	54	a crib	18	dainty	97
cooking	53	cricket	117	dairy	89
to cool	60, 98	crisp	97, 102	to damage	39
cool	97	crips	102	damask	42
a cooler	84	the crop	102	damp	43
coordination	18	a crowd	50	to darn	43
copious	87	crude	82	darts	78
a copy	28	a cruise	115	a dash	80
a cordial	99	a crumb	93	data	29
corduroy	44	to crumble	59	a date	66

135

a deal	28	to dip	61, 80	to drip	38
a debt	32	a diploma	121	a drive	114
a decanter	84	a directory	15	a drop	24
decency	46	dirt	39	drunk	103
a decoder	28	disabled	109, 113	to dry	48
to decorate	80	to discard	59	a dryer	23, 39
to decrease	25	discerning	108	a duck	75
dedication	124	a disco	116	a duckling	75
to deep-freeze	61	a discount	33	a dumpling	93
to defuse	49	a dish	56	duplicating	111
to deglaze	58	a dishwasher	54	to dust	37, 60
a degree	121	to disinfect	108	dusted	93
dehydration	61	a disk	55	a duster	41, 110
a delay	15	to dislike	86	to dye	44
a delegate	110	to dismiss	125	eager	124
to delete	29	a dispenser	18, 38, 54	ears	72
delicacies	88			to earn	125
delicate	43	disposable	40	ear-rings	49
delicious	96	a doctor	113	earphones	110
to deliver	17	a doe	75	earthenware	57
demanding	108	(to be) on the dole	124	to eat	86
a deposit	31	dominoes	116	ebony	18
depreciation	31	a double	18	edible	97
a depression	112	the dough	95	education	121, 122
a description	124	a doughnut	91	an eel	68
a design	46	to douse	47	to effervesce	101
a desk	14	downtown	10	efficient	25
a dessert	86, 92	a draft	31	eggs	71
a destination	115	to drain	59	an egg nog	71
to destroy	47	the drainage	53	an eggplant	63
detergent	41	drapes	18	an eiderdown	18
to devote oneself to	124	draughts	116	elderly	108, 109
to devour	86	to draw	60	an elevator	10
diabetes	112	a drawer	20	emergency	39, 47, 51
to dial	15	(to be) drenched	39	employment	35, 121, 123
a diamond	116	a dress	46	enamel	57
to dice	58	to dress up	45	an enclosure	36
a die	116	dressing	88	engaged	16
a diet	112	to dribble	58	an enquiry	13
dill	62	to drink	85, 100	to enrol	122
to dine	86				

to enter	29	fair	123	a flea	39
entertainments	114, 116	a fall	24	the flesh	67, 68, 75
the entrance	11	a farmhouse	11	to flood	39, 48
an epidiascope	110	farming	66, 69, 75	flour	60, 92, 95
the equipment	110	a fan	54	the flush	40
an eraser	110	to fast	86	foil	62, 93
an escalator	11	fat	97, 109	to fold	43
to escape	49	fatigue	113	a folder	109
an estimate	25, 32	a faucet	23	a font	29
ethnic	81	a fawn	76	football	117
to evade	35	fear	50	forcemeat	74
the evidence	50	a feast	86	a forecast	27
a ewe	90	a fee	118	foreign	108
an exam	122	to feed	87	to foresee	27
excise	35	feed	30, 87	a fork	55
an executive	127, 129	fennel	62	a form	14, 121
an exemption	35	a fig	66	to format	29
an exchange	15	a file	29	fortified wine	99
to exercise	118	to fill	80	to forward	36
(to be) exhausted	112	a fillet	75	fowl	75
an exit		the filling	92	the fragrance	102
expanding	27	a filter	53, 55	a franchise	11
to expect	27	filth	38	a fraud	32
to expel	126	the fin	69	to fray	39
the expenditure	25	a fine	38	free	109
expenses	32	a fire	47	a freehold	31
an expert	116	to fire	125	a freehouse	78
the expertise	103	a fireplace	81	to freeze	58, 61
to explode	49	fireproof	47	fresh	97
exposure	101	fish	55, 68, 69, 84	a freshener	21
exquisite	97	fishing	115	a fridge	54
to extinguish	47	a fishmonger	70	fries	88
an extra	124	fitness	118	to frighten	50
fabric	44	the fittings	41, 53	a fritter	91
the facilities	11	flaked	93	froth	100
a fact	25	flakes	93	fruity	101
to fade	42	to flambe	59	to fry	59
to fail	121	a flan	92	fudge	96
(to be) failed	122	the flank	72	to fulfil	126
fabric	44	a flannel	22	full	81, 90, 102, 106, 124
the facilities	11	a flat	18, 106		
		the flavour	93, 97	(to have) fun	116

137

a function	87	grapes	102	hangings	82
a funnel	55	graphics	29	hard-working	127
the furniture	19	hardware	29		
a fuse	41	to grate	60	a hare	76
a gallup	25, 27	a grater	56	harsh	101
a game	115, 117	gravy	74, 88	to harvest	103
game	75	grease	42, 44, 62, 93	to hate	86
gammon	74			the haunch	73
a gap	25	greaseproof	62, 93	hazards	47
to gape	50	a green	64	the head	72
garlic	62	a greengage	67	a heading	36
a garment	46	greens	64	heady	101
to garnish	80	to greet	13	to heal	113
gastric	113	a griddle	54	health	114
a gateau	92	a grill	54	heart	73, 116
a gavel	110	to grill	59	heat	41, 112
gel	22	to grind	60	heating	21, 40, 41
generous	101	the gristle	73	heavy	97
geriatric	109	to groan	50	a helping	83
gherkins	65	the ground	117	herbs	62
giblets	73	a grouse	76	heritage	106
the gills	69	to grow	101	a herring	69
gin	99	gruel	92	hierarchy	125
ginger	63	a guarantee	31	high tea	87
gingerbread	94	gueridon service	83	the hindquarter	73
a girdle	45	a guest	108	to hire	124
a glass	57, 79, 103	a guesthouse	12	a hob	54
to glaze	58	a guinea fowl	75	a hobby	115
gloves	40	to gulp	85	Hock	104
a glut	26	to gut	59	hockey	117
the goal	117	to guzzle	86, 103	a hogfish	70
a goat	90	a gymnasium	119	to hold	50
gold	49	haggis	88	a hole	116
(to be) good at	124	a hake	68	a holiday	116
a goose	75	a halibut	69	home-brewed	100
a gooseberry	67	to halve	58	home-made	94
gooseberry fool	92	ham	74	honey	93
a gown	46	the hand	72	honeymoon	106
a grade	124	a handle	55	a hood	53
to graduate	122	handicapped	109, 113	a hook	22
a grant	121			to hoover	38
a grapefruit	67	a handkerchief	45	hops	100
		a hangover	100		

138

a hors d'œuvre	86	against	34	a knife	55, 56
a hose	47	the intake	109	the knuckle	72
a hostage	50	intensive	125	the label	89
a hostel	10	an internship	126	labour	125
the hostess	128, 129	an interview	124	lace	42
hot	41, 87	the inventory	43	lager	99
a hotel	11, 12	to invest	26	lamb	73
the housekeeper	129	to investigate into	49	a lamp	19, 41
to hull	59	invigorating	114	a landing	12
humidity	113	to invoice	14	lard	74
hunger	86	iron	44, 57	large	81
a hunk of bread	94	to iron	43	lashings	86
to hurt	49	to issue	32	to launch	26
to husk	59	the items	23	to launder	43
to ice	59	the jack	117	a lavaliere	46
icing sugar	94, 96	a jacket	46	to lay	82
ill-lit	82	jam	92	a layer	92
the image	26	a jar	56	the larder	127
implements	53	jelly	92	a leaf	64
an imprint	13	a jet blitz	118	to leak	39
to improve	24, 111, 123, 126	a job	124, 126	lean	74
in-house	109, 122, 125	a John Dory	70	to learn	121
		a joint	74	a lease	31
incentive	127	the jowl	72	leaven	94
an incident	47	a jug	55	a lectern	110
to increase	24	juicy	66	a lecture	121
an index	32	a jumper	44	the ledger	32, 33
indoor	113, 116, 118	the jury	122	a leek	64
inedible	97	to keep	25, 26, 37, 51, 118	a leg	45
ingredients	80			leisure	10, 25, 114
an inhalation	113	a kettle	55	a lemon	66
an injury	123	a key	13, 31	lemonade	98
an inn	10	to key in data	29	lentils	64
input	29	a keyboard	14, 28	a lesson	121
an inquiry	13	a kid	107	a letter	36
to insert	16	kidneys	74	a lettuce	64
insolvency	33	the king	117	the level	99
insomnia	113	the kiss of life	51	liabilities	33
an instructor	115	the kitchen	53	(to be) liable for	35
to insure for /		a kiwi	67	to liaise with	126
		the knave	117	a lid	55
		to knead	60	a lift	10

to lift	119	mandatory	47	to milk	91
the lighting	41	a mango	67	a mill	84
to like	85	the manpower	125	to mince	59
a lime	66	maraschino	80	mincemeat	93
the line	16	a mansion	12	mint	63, 93
on line	30	marble	18	minutes	33
to line	59	the margin	33	a mirror	22
linen	19, 43	marinated	69	misconduct	125
a liner	21	marine	113	the mise en place	82
a lining	45	marjoram	63	a mishap	47
a link	49	a mark	44	to mix	58
a lipstick	23	a market	26	a monitor	29, 110
a liqueur	99	the marks	122	a monkfish	69
the liver	74	a marrow	64	moonlighting	127
to load	28	marshmallow	96	to mop	48
a loaf	94	marzipan	93, 96	a mortgage	32
the lobby	11	mashed	88	a motel	12
a lobster	71	a mask	118	to motivate	26, 125
the location	12	a massage	113	mould	90
a locker	112	to master	125	a mouse	31
to lodge	124	a subject	125	a mouthful	85
a complaint	124	a mat	23, 78, 83	the mouthpiece	16
a logo	46	material	44	mouth-watering	96
the loin	72	the material	110	a muffin	91
to look after	37	to matriculate	122	(to be) muged	48
a loudspeaker	110	a mattress	19	a mullet	69
a lounge	12	to mature	90	multi-ownership	12
lukewarm	42	a meal	86, 87	to munch	86
a lump	89, 92	a means	26	a mushroom	64
lunch	62, 81, 86	a measure	79	a mussel	71
a macaroon	93	meat	73, 84, 88	must	102
to macerate	60	medium	87	mustard	65
a mackerel	69	a medlar	67	mutton	73
maggoty	66	a melon	67	the muzzle	102
mahogany	18	to melt	59, 80	a name	109
the mail	36	memory	29	a napkin	83
a main	41, 87	to mend	38	a nappy	107
to maintain	37	a menu	86, 87, 113	the National Health	
maintenance	37	a microcomputer	29	Service	16, 82, 83,
to make up	22	microwave	54		109, 128
malt	100	a microphone	110	the neck	72, 73
the management	24	mild	87	a necklace	49

140

a necktie	47	an overall	44	the paymaster	34
a nectarine	66	to overbook	14	peak	17, 78, 106
a needle	42	an overcoat	45	a pear	67
the needs	24	overdone	75	peas	64
to negotiate	125	an overdraft	31	pebbly	103
the net	115	to overflow	48	to peel	59
a network	30	to overspill	48	the peel	67
a niche	25	overtime	122	a peg	22
noodles	88	an ox	73	a pen	20
a notepad	109	oxtail	74	a pencil	18
a notice	126	an oyster	71	a pension	33
a nozzle	55	to pack	61	a percentage	33
a number	15	a package	14, 106	pepper	63
a nurse	109	a pad	118	perfume	22
a nut	68	pain	114	a period	125
nutmeg	63	the paint	42	pesticide	38
a nutritionist	113	a pair		a pheasant	76
nylon	43	of scissors	21, 42	physiotherapy	113
oak	18	palatable	96	to pick up	66
oatmeal	95	to pamper	112	a pick	79
an objective	26, 125	a pan	55	to pickle	60
an octopus	70	a pancake	92	pickpocketing	48
the odour	90	panic	50	a picnic	87
oenology	102	pants	45	picturesque	81
an off-licence	98	paper	19, 22,	a pie	93
off-peak	106		93, 110	a pig	73
offal	73			a pigeon	75, 76
an office	33, 129	paprika	63	a pigeonhole	13
oil	65	a parcel	36	a pike	68
an old age		parsley	63	a pilchard	70
person (OAP)	108	the parson's nose	75	a pillow	19
onion	63, 64, 65	a partridge	76	pimento	63
to open	30	a party	86	a pinch	80
an opener	56	to pass	17, 123	pine	19
an operator	129	passable	125	a pineapple	66
opportunities	122	a password	30	a pint	100
to order	82	pasta	88	a pip	67
(out of) order	16	paste	68, 90	a pipe	42
outdoor	114	a pastime	115	the piping	41
the outfit	47	pastry	92, 93,	a pistachio	68
output	30		95, 127	the pith	67
an oven	54	patties	73, 93	a placement	127
		to pay	14		

a place	37	a pram	107	to quaff	100
to plan	27	a prawn	70	a quail	76
a plant	102	a premium	35	qualification	126
plastic	62	preparations	80	quality	102
a plate	55	preservation	61	quantity	102
a pleat	45	a preservative	93	the queen	117
plonk	101	a press	55	a questionnaire	27
to pluck	58	to press	91	a quiche	88
a plug	21	a price	34	a quilt	18
a plum	67	prime	74	a quince	66
the plumbing	42	to print	29	to quit	30
plywood	18	to prise off	62	a rabbit	58
to poach	60	to process	91	a rack	19, 55
a pocket	45	to produce	91	a radiator	23
a pod	92	products	22, 40	a radish	65
a pointer	110	a professional	125	a rail	19, 20
poison	38	(to be)		raisin	68
a policy	26	proficient	122	rambling	115
to polish	37	profit	32, 33	a ramekin	56
a poll	25	to profit by	106	a range	25, 54
polo	118	a programme	30	rare	73
a pomegranate	67	a projector	110	a rasher	74
a pool	112, 113	to promote	27	a raspberry	66
the pope's nose	75	property	113	rasping	91
pork	72	prosperous	27	a rat	39
porridge	91	a prune	68	the rate	46
port	99	a P.A. system	111	to rate	11
porter	100	a pub	78	raw	74
a porter	128	a publican	78	to reach	123
to portion out	82	a pudding	92	ready	30
the position	126	to pulp	60	reasonable	27
a post	36, 126	a pump	78	a rebate	33
the postmark	36	pumpernickel	94	to reboot	29
a pot	56	a pumpkin	65	a receipt	33
potatoes	65	pungent	89, 100	the reception	14
pottery	84	a pupil	121	a receptionist	128, 129
poultry	75	a purchase	26, 126		
to pound	60	a purveyor	101	a recession	27
to pour	61, 80	a push chair	107	a receiver	15
powder	41, 95	to put away	20, 43	a recipe	53
power	26	pyjamas	46	a recorder	16, 109, 110
to practise	126	a quadruple	18		

a red deer	76	
a red mullet	70	
to reduce	60	
a reduction	33	
a refrigerator	54	
to refund	33	
to refurbish	12	
to register	122	
the regulations	103	
regularity	121	
rehabilitation	113	
to reimburse	33	
to relax	112	
reliability	25	
relief	114	
to remove	42, 59	
rennet	91	
to renounce	126	
rental	115	
to repair	38	
(Out of) repair	48	
to replace	30	
a reply	36	
a report	126	
reputed	103	
a requirement	108	
to rescue	51	
research and development	27	
to reserve	14, 83	
to resign	124	
a resort	11	
(to be) responsible for	124	
to restore	12	
the rest room	13	
a resume	124	
ressuscitation	51	
the retailer	25	
(flame) retardant	17	
to retrieve	30	
the revenue	31	
to revise	126	
a reward	126	
a rib	73	
rice	89	
a ride	114	
the rind	89	
a ring	49	
a rink	117	
to rinse	38, 44, 48	
ripe	102	
to rise	94	
a risk	47	
to roast	60	
robbery	48	
robust	101	
rocky	103	
a rod	39	
a rodent	39	
a roe-buck	76	
a roe-deer	76	
a roll	94	
to roll out	59	
a rooster	75	
rosemary	63	
rough cast	41	
the round	72	
the roundsman	128	
to rub in	60	
rum	99	
the rumpsteak	72	
to run the bath	22	
runny	71	
rusty	39	
rye	94, 95	
a sachet	62	
sacks	53	
to sack	125	
the saddle	73	
a safe	13, 18	
saffron	63	
sage	63	
sailing	118	
the salary	126
a sale	28
a salmon	70
salsify	65
salt	63
a sample	25
sandy	103
satin	44
a saucepan	55
a saucer	57, 84
sauerkraut	88
a sausage	74
a sauteuse	57
to save	30
saveloy	73
savory	63
savoury	97
to say grace	86
to scald	59, 89
to scale	58
scaled	41
scales	55
a scallop	70
a scanner	30
scanty	97
to scare	50
a scarf	45
a scheme	126
a scholarship	121
to scoff	85
a scone	93
to score	117
scotch	99
to scour	38
the scrag	72, 73
scrambled	71
to scrape	60
to scream	50
a screen	29, 110
to scrub	37
the season	106
to season	57

seaweed	111	sherry	99	a slope	100
a secretary	129	shine	21, 23	a slump	27
a sector	27	a shipper	100	small	81
security	31, 109	a shirt	45	a smell	90, 91
to see to	38	a shop	10	a snack	78, 86
a seed	67	a shortage	125	snooker	116
to select	30	shorts	46	snorkelling	118
semi-hard	90	the shoulder	72, 73	the snout	72
semi-skimmed	90	a shower	118	to soak	58
a seminar	111	to shred	58	soap	23
semolina	89	to shriek	50	sober	103
to send	36	a shrimp	70	soccer	117
to serve	83	a shutter	20	Social Security	109
a serviette	83	a sieve	57	a sock	44
a set	87	to sign	15	a socket	22
to set	93	a signal	17	soft	82
to set up	49	silk	44	a softener	41
the setting	82	silver	49	soft roe	71
to settle	58	the silverside	73	software	29
the sewer	41	to simmer	59	soil	103
a shad	68	to singe	60	a solarium	119
a shade	17	a single (room)	18	a sole	70
shadow	22	a sink	53	solvency	34
to shake	80	to sip	103	a sorbet	93
a shaker	79	a siphon	79	sorrel	63
a shallot	62	the sirloin	72	to sort out	44
shampoo	23	to sit	123	the sorting	37
a shandy	100	a site	10	sound proofing	110
shank	72	a skate	70	soup	73, 74, 83, 84, 89
to shape	90	to skate	117	sour	96
a shareholder	31	a skewer	55	soya	65
sharp	90	skiing	116	sozzled	101
to shave	23	skill	115, 121	a spa	112, 114
a shawl	44	(to be) skilled	122	spade	117
a sheep	74	to skim	90	spaghetti	89
a sheet	18, 32, 33, 125	a skimmer	55	spare	72, 110
		the skin	75	sparkling	98, 104, 112
a shelf	19, 23	to skin	58		
to shell	59	a skirt	45	a spatula	57
the shell	70, 71	a sleeve	45	a speakeasy	78
shellfish	70	to slice	58	spices	62
a sherbet	93	a slipper	45		

spicy	101	steam	44, 114	a subsidiary	11
to spell	17	to steam	58	substantial	87
a spike	56	steel	57	subtle	103
to spill	80	to steep	60	sugar	56, 60, 61, 79, 84, 85, 93, 95, 99
to spin dry	43	the steps	12		
spinach	64	sterilisation	61		
spirits	99	a stew	74	a suit	45
a sponge	40	to stew	58	a suite	20
sponsoring	26	a stick	79	sultana	68
a spool	109	still	98	a sunbed	119
a spoon	55	to stimulate	127	sunny side up	71
sporting	116	to stir	60	supper	87
a spotlight	110	to stir fry	60	a supplement	15
to sprain	130	a stock	74	a supplier	101
a spray	40	the Stock Exchange	24	supplies	28
to spread	59			supply and demand	26
a spring	114	a stockfish	69	(to be) surety for	33
a springing	20	a stocking	44	a survey	25, 27
to sprinkle	60	a stockpot	56	to suspend	126
sprouts	64	stodgy	97	to swallow	85
square	91	a stone	67	to sweat	58, 59
squash	98	to stone	58, 59	swedes	65
to squeeze	80	stoned	101	to sweep	37
a squid	68	to store	20	sweet	97, 102
a squirt	80	a storey	11	a sweet	86, 92
the staff	125, 127	stout	100	sweetbread	74
a stag	76	a stove	54	to sweeten	61
a stain	44	to strain	60, 80	sweetmeats	96
stainless	57	a strainer	56	to swig down	100
the stairs	11	the strap	44	to swill	100
stale	97	strategic (al)	28	swimming	118
a stamp	20, 37	a straw	79	a switch	41
a stand	84	a strawberry	66	to switch off	29
the standard	125,	stress	114	to switch on	28
standby	28	a strike	125	a switchboard	16
a stapler	109	to stroll	115	the syllabus	123
to starch	42	to study	124	synthetic	44
to stare	50	the stuffing	74	syrup	93
to starve	87	a stump	34	a table	83
a statement	31	a sturgeon	69	a tablecloth	83
stationery	19	a subject	125	tableware	83
to stay	106, 107, 119	a subscriber	15, 28		

145

the tail	70, 74	thirst	87	to toy with	
to take		thread	43	one's food	86
advantage of	106	thriving	27	the trade	127
a takeover	33	(to be) through	17	to train	122
a tampon	39	thyme	63	transparencies	111
a tangerine	67	to tidy up	38	a trap	50
tangy	91, 96	a tie	45	a tray	83
tannin	103	tights	45	the treasurer	34
a tap	42	the tiles	41	a treatment	109, 114
a tape	109	to tilt	101	trekking	115
to target	24	(on) time	36	a trifle	92
tarragon	62	time sharing	12	to trim	58
a tart	93	a timer	54	tripe	74
tart	96	(meal) times	86	a triple (room)	18
the taster	91	a tin	54	a trolley	82, 108
a tavern	78	tin	54, 57, 61, 68	the trotter	72
to tax	35	to tip	82	trouble	113
(to have) tea	86, 87	to tipple	102	a trough	94
a teacher	121	tipsy	101	trousers	45
teak	19	tired	112	a trout	70
a team	115	toast	94	to truss	58
to tear off	61	a toaster	54	a tub	21
a teat	107	a toddler	107	a tumbler	23, 44,
a teenager	107	a toddy	99		56, 79
a teetotaller	102	a toffee	96	a tuna fish	70
a telegram	37	a toilet	21	a turbot	70
to tend	102	toiletries	21	a tureen	84
the terms	123	a token	16	a turkey	75
a terrace	13	tolerable	125	turmeric	62
terrorism	50	a tomato	65	to turn out	58
to testify	50	tongs	79	turned into	12
thalassotherapy	114	tongue	74	the turnover	31
to thaw	58	a tone	17	a tuxedo	46
theft	34, 48	tonic	114	tweezers	22
themed	81	a toothbrush	21	a twin	18
theory	127	the top	46	to twist one's	
therapy	114	the topside	72	ankle	130
thermal	114	torn	42	a typewriter	110
the therms	114	to toss	60	uncomfortable	82
to thicken	60	tough	73	to uncork	101
a thief	48	a tourist	108	underdone	74
a thimble	42	a towel	22	underpants	44

unemployment	123	a wedge	83	to wrap	62, 89, 112
unhurt	49	a weight	118	to wring	43, 48
the uniform	46	the welcome	81	Xeroxing	110
a union	126, 127	welfare	108	yeast	100
a unit	21, 53	well appointed	11	to yield	102
the university	123	well cooked	73	a YMCA	10
unleavened	94	well lit	81	a yoghurt	91
unpasteurized	90	well off	29, 107	the yolk	71
unscathed	49	wheatbread	94	a YTS	123
to update	30	wheaten	94	a zip	45
upholstery	82	wheatflour	95	a zucchini	64
to upkeep	37	a wheelchair	108		
an urchin	71	whey	90		
urgent	37	to whimper	50		
an urn	86	to whine	50		
a utensil	55	to whip	92		
a voucher	13	to whisk	58		
a wafer	92	whisky	99		
a waffle	92	whitebait	68		
wages	33, 126	a whiting	69		
a waistcoat	45	a wholesaler	26		
to wait	83	wholesome	66		
to wait on	83	a whortleberry	67		
a waiter	128	the wicket	117		
a waitress	128	a wild boar	76		
the wallpaper	82	a window	11		
a walnut	68	wine	44, 65, 78, 82, 84, 99, 100, 101, 128		
to wander	115				
a wardrobe	19				
warm	41	a winery	101		
to warm up	60	a wing	10, 75		
to wash	37, 43	a winkle	70		
the washstand	22	to wipe	37, 48		
waste	22, 54	a witness	50		
a watch	49	a wok	57		
water	112	wood	18		
watercress	64	wool	43		
to wax	37	a word	29		
wealthy	108	to work	122, 127		
a Webb's lettuce	64	a worksheet	31		
a Welsh rarebit	90	a workshop	109		
a wedding	86	to wound	49		

un abat-jour	17
des abats	73
des abattis	73
un abonné	15, 28
un abricot	66
acajou	18
accessoires	49
de toilette	21
un accident de travail	123
l'accueil	81
acide	96
acidulé	96
acier	57
l'acoustique	109
âcre	89
l'actif	31
l'actionnaire	31
un actionnaire	31
les activités de plein air	114
un adolescent	107
un adoucisseur d'eau	41
l'adresse	13
l'adret	100
un adulte	107
une affection (maladie)	111
un affréteur	100
un agitateur	79
l'agneau	73
une agrafeuse	109
aigrelet	96
une aiguille	42
de l'ail	62
une aile	75
du bâtiment	10
aimer	85
une airelle	66
aisé	107
ajouter	57
Les alcools	99
l'algothérapie	111
des algues	111
alléchant	96
une allergie	111
allumer	28
une alose	68
une amande	68
l'ambiance	81
améliorer	24, 111, 123
une amende	38
amer	96
amidonner	42
un amortissement	31
un amplificateur	109
une ampoule	41
l'amusement	116
analyser	28
un ananas	66
un anchois	68
de l'aneth	62
l'angélique	91
une anguille	68
de l'anis	62
un anniversaire	85
une annonce publicitaire	24
annuler	13, 28
une anse de tasse	55
anti inflammable	17
un apéritif	99
les appareils d'éclairage	41
les appareils électriques	41
un appartement	18
un appel	15
appétissant, apprendre à	121
un apprenti	121
âpre	100
une arête	68
l'argent	49
une armoire	53
l'arôme	100
arracher	61
arrêter les dégâts	48
le mécanisme	49
des arrhes	31
un arriéré	24
arroser	57
l'arthrite	111
un artichaut	63
l'as	116
un ascenseur	10
des asperges	63
assaisonner	57
l'assiduité	121
une assiette	55, 86
l'assiette de l'impôt	35
l'Assistance Publique	108
assister à un cours	121
un assortiment	89, 96
un assortiment de couleurs	18
une assurance contre le vol	34
s'assurer pour/contre (une somme d'argent)	34
l'asthme	111
un atelier	109
un atout	24
être attaqué	48
atteindre (un objectif)	24, 123
en attente	28
attentif	123

une auberge	10	
augmenter	24	
avaler	85, 100	
aveugle	108	
l'aviculture	75	
un avocat	64	
avoir		
la gueule de bois	100	
peur	50	
un découvert	31	
le babeurre	89	
une bactérie	108	
le bagagiste	128	
une bague	49	
une baie	66	
se baigner	111	
un baigneur	112	
une baignoire	21	
un bail	31	
un bain	112	
un bain marie	55	
une baisse des prix	24	
un balai	40	
une balance	55	
balayer	37	
un bambin	107	
une banane	66	
un banc	118	
une bande magnétique	109	
un banquet	85	
un baptême	85	
un bar clandestin (US : au temps de la prohibition)	78	
un bar/loup de mer	68	
de la barbe à papa	96	
une barbue	68	

une barmaid	79	
un barman	79	
le baromètre du marché	24	
la barre	118	
un bas	44	
une base de données	28	
du basilic	62	
un bassin	112	
une bassine	55	
une batavia	64	
un bateau de croisière	115	
baveuse	71	
un bavoir	107	
un beignet	91	
bénéfices	32	
bénéfique	112	
une béquille	108	
un berceau	18	
les besoins	24	
une bette/blette	64	
une betterave	64	
du beurre d'anchois	68	
beurrer	58	
une biche	75	
bien cuit	73	
un bien en toute propriété	31	
un bienfait	112	
la bière	99, 100	
la bière traditionnelle	100	
un bigorneau	70	
un bilan de liquidation	31	
le billard	116	
un biscuit	89, 91	
la blanchaille/le fretin	68	

blanchir	58	
du blanc-manger	91	
blesser	49	
un bloc		
douche	21	
évier	53	
papier	109	
une blouse	44	
une bobine	109	
un bœuf sur pied	73	
boire	85, 100	
en bois	18	
boisson	78	
une boîte	61	
à thé	85	
de nuit	116	
en fer blanc	61	
vocale	16	
une bombe aérosol désinfectante	40	
être bon (en …)	124	
un bon d'agence	13	
un bonbon		
une bonde	21	
une bonne affaire	31	
le bord du verre	79	
un bottin	15	
le bouche à bouche	51	
être bouche bée	50	
une bouchée	85	
le boucher	73	
le bouchon	100	
bouchonné	100	
des boucles (d'oreilles)	49	
bouffer	85	
de la bouillie (d'avoine)	91	
bouillir	42, 58	

149

une bouilloire	55
du bouillon (viande et légumes)	73
la boulangerie	94
des boulettes (de viande)	73
bouquet	81, 100
de la bourrache	62
la Bourse	24
un boursier	121
une bouteille	55, 98
une boutique	10
un bouton	44
de manchette	49
braiser	58
brasser	100
une brasserie	78, 100
la bretelle du sac	44
des bretelles	44
brider, trousser	58
une brigade	127
une brioche	91
une broche	49, 55
un brochet	68
un brocoli	64
une bronchite	112
une brosse	
à chaussures	21
à cheveux	21
à reluire	40
un broyeur d'ordures	54
un brugnon	66
brûler	47
un buffet (de légumes/ desserts)	82
un but	24
le but (cricket/ football)	117
un cabillaud	68
une cabine téléphonique	10, 15
cacao	97
le cachet (de la poste)	36
un cafard	38
une cafétéria	78
une caille	76
le caillé	89
se cailler	89
le caissier	129
un caleçon	44
un calmar	68
une calorie	108
un cambrioleur	48
une caméra vidéo	109
une campagne publicitaire	24
camper	106
la canalisation	41, 53
un canard	75
candi	95
un caneton	75
(de la) cannelle	62
une cantine	78
capiteux	101
une carafe	
à décanter	84
carboniser	58
de la cardamome	62
cardio- vasculaire	112
une carotte	64
une carpe	68
le carré	72
carreau	116
le carrelage	41
une carrière	121
les cartes	116
une cartouche	28
un casier	13, 112
casser	38
une casserole	55
un cassis	66
une caution	31
une cave	89, 101
une ceinture	44
du céleri	64
du cellophane	61
la cendre	112
un cendrier	82
au centre	
de la ville	10
de loisirs	10
thermal	112
une cérémonie	85
un cerf	76
du cerfeuil	62
une cerise	66
à l'eau de vie	80
un certificat scolarité/ de travail	121
du cervelas	73
de la cervelle	73
une chaîne	10
la chair	68, 75
une chaise	21
roulante	108
un châle	44
la chaleur	41, 112
à chaleur tournante	54
une chambre	18
un champignon	64
un chandail	44
un change	107
changer	37
un chapon	75
charger	28
un chargeur	16
un chariot	108
pour diapos	109

charmant	81
la chasse d'eau	40
une châtaigne	68
chaud	41
une chaudière	53
le chauffage	40
infrarouge	21
chauffer (le lait) sans faire bouillir	59, 89
une chaussette	44
un chausson pour les chaussures	23
le chef	127, 128
une cheminée	81
une chemise	45
un chemisier	45
chêne	18
chèque	31
un chéquier	31
un chevalet (pour le nom)	109
un chevreuil	76
une chicorée	64
le chiffre d'affaires	31
du chintz	42
le chômage	123, 124
un chou	64
la choucroute	88
un chou-fleur	64
des choux de Bruxelles	64
chronique	112
cibler	24
de la ciboulette	62
du cidre	99
du cirage	21
un circuit	
en autocar	115
interne de télévision	109

la circulation (sanguine)	112
cirer, polir	37
des ciseaux	21, 42
un citron	66
un citron vert	66
de la citronnade	98
une classe (groupe d'élèves)	121
classer	11
un classeur, une chemise	109
un clavier	28
une clé	13
le climat	101
la climatisation	40
une cloche	81
à fromage	89
des clous de girofle	62
une clovisse	70
un club de remise en forme	118
un cochon	73
un cocktail	99
une cocotte minute	55
un code postal	36
du cœur	73, 116
le cœur d'un fruit	66
un coffre	13
un coffre-fort	18
un coing	66
un col	45
un colin / merlu	68
un colis	36
un collant	45
une collation	86
être collé	122
un collègue	123
le collet	72
un collier	49, 73

un colorant	92
un combiné	15
un comité d'entreprise	123
une commande à distance	18
commander	82
le commis	127, 128
une commode	18
le communard	127
une communication	15
un compacteur de déchets	54
les compétences	121
être compétent	122
un complet / un tailleur	45
se comporter	123
composer un numéro	15
la comptabilité	31
le comptable	129
un compte	
à découvert	31
client	32
un comptoir	78
concasser	58
le concierge	128
un concombre	64
la concurrence	25
les conditions (d'un contrat)	123
une conduite	
d'eau	41
de gaz	41
une conférence	110
une confirmation	13
confirmer	13
de la confiture	92
confortable	11, 82
congeler	58, 61

un congre	69	
un congressiste	110	
se consacrer à	124	
la conservation	61	
(des		
consommables)	28	
consommateur	25	
consommation	25, 32	
la contamination	108	
contenir une foule	50	
un contrat	124	
en contre plaqué	18	
le contrôle		
du linge	42	
du poids	112	
sanitaire	38	
contrôler	32	
une convention	110	
une copie		
d'écran	28	
copieux	87	
un coq	75	
un coq de bruyère	76	
une coque	70, 71	
un coquelet	75	
les coquillages	70	
une corbeille		
(à pain)	94	
coriace	73	
de la coriandre	62	
des cornichons	65	
le corps		
(de la lettre)	36	
la correction	46	
des cosmétiques	21	
une côte	73	
une couette	18	
couler (goutte		
à goutte)	38, 58	
(faire) couler		
le bain	22	
un couloir	11	

un coupe ongles	21	
couper	58, 82	
un coupon réponse		
international	36	
une courge	64	
une courgette	64	
le courrier	36	
un cours	121	
d'aérobic	118	
un court-circuit	41	
un court		
de tennis	115	
de courte durée	106	
un couteau	55	
un couvercle	55	
les couverts	55, 84	
une couverture	18	
couvrir	58	
de la craie	110	
la crasse	38	
une cravate	45	
un crayon	18	
pour les yeux	21	
un créancier	32	
de la crème		
(de cassis, etc.)	80	
	89, 92	
un créneau	25	
une crêpe	92	
le crépi	41	
du cresson	64	
une crevette	70	
le cricket	117	
crier	50	
croquant	97	
le croupion	75	
la croûte	89, 94	
la croûte		
(vol-au-vent)	92	
cru	74, 90	
cru (lumière)	82	
une cruche	55	

cueillir un fruit	66	
une cuillère	55	
cuire/faire cuire	58	
la cuisine	53	
cuivre	57	
une culotte	45	
cultiver	101	
la culture		
biologique	66	
du cumin	62	
curatif	112	
du curcuma	62	
un cure-dent	79	
un curseur	28	
une cuvette	21	
un dais	11	
le damas	42	
les dames	116	
une datte	66	
un dé	42, 116	
débarrasser		
la table	82	
déborder	48	
déboucher		
(une bouteille)	101	
un débutant	115	
décanter	58	
déchiré	42	
un décodeur	28	
le décor	82	
une décoration		
florale	82	
décorer	80	
découper (viande)	58	
découper		
en tranches	58	
une déduction		
avant l'impôt	35	
un défi	25	
dégeler/		
décongeler	58	
déglacer	58	

dégorger	58	une dette	32	écaler, écosser	59
dégraisser	42, 58	une devise	13	une échalotte	62
le degré d'alcool	99	dévorer	86	un échantillon	25
un déjeuner		le dévouement	124	une écharpe	45
d'affaires	81, 86	le diabète	112	les échecs	116
un délai d'attente	15	un diagramme	29	un échelon	124
délayer	58	un digestif	99	l'échine	72
délicat	97	diminuer	25	échouer	121
une demande de		un dindon	75	l'éclairage	41, 110
renseignements	13	dîner	86	écosser,	
demi-écrémé	90	un diplomate	92	décortiquer	59
demi-dur	90	un diplôme	121	des écouteurs	110
la demi-pension	106	dire le bénédicité	86	un écran	29, 110
démissionner	124	le directeur	129	écrémé	90
démouler	58	un disque	55	une écumoire	55
dénoyauter		les distractions		l'éducation	
un fruit	58	d'intérieur	116	et la formation	121
la dentelle	42	de plein air	114	un effaceur	110
dépenses	25, 32	le distributeur		(faire)	
déplumer	58	(détaillant)	25	effervescence	101
déposer		un distributeur		efficace	25
une plainte	124	de boissons	18	s'effilocher	39
dépouiller	58	de savon		effrayer	50
une dépression	112	liquide	38	l'égout	41
un descriptif		les dominos	116	égoutter	59
(d'emploi)	124	une donnée	25	un égouttoir	55, 89
la déshydratation	61	des données	29	un élevage	
désinfecter	108	une dorade	69	de volailles	75
désireux		dorer	58	de saumon	69
(de bien faire)	124	dorloter	112	un élève	121
un désodorisant	21	double	18	emballer	61
désosser	58	une doublure	45	embaucher	124
un dessous		une douche	118	être éméché	101
de bouteille	55	une douille	55	émettre	
un dessous		doux (lumière)	82	(un chèque)	32
de chope	78	sucré	97	émietter	59
un destinataire	36	un drap	18	empêcher les	
une destination	115	dur	90, 101	prix de monter	25
détacher	42	un duvet	18	s'empiffrer	86
déteindre	42	l'eau	112	un emploi	124
se détendre	112	ébène	18	l'employé	
détester	86	écailler	58	à l'information	129

153

une empreinte (de carte de crédit)	13	
encaisser (de l'argent)	13	
endommager	39	
enduire	59	
enniver	101	
s'enfuir	49	
enlever la peau	59	
le cœur (d'un fruit)	59	
une enquête	25, 49	
un enseignant	121	
l'ensoleillement	101	
entartré	41	
un en-tête	36	
entier	90	
un entonnoir	55	
entrée	29, 86	
l'entrée de l'hôtel	11	
entrer des données	29	
entretenir	37	
l'entretien	37	
un entretien	124	
envelopper	62, 89, 112	
l'épaule	72, 73	
épicé	101	
Les épices	62	
des épinards	64	
un épiscope	110	
éplucher	59	
une éponge	40	
épousseter	37	
être épuisé	112	
équeuter	59	
une équipe	115	
l'équipement	110	
les équipements	11	

l'escalier	11	
essorer	43, 48	
essuyer	37, 48	
un estaminet	78	
de l'estragon	62	
un esturgeon	69	
établir un chèque	32	
un établissement (viticole)	101	
une étagère	19	
étaler	59	
éteindre	29	
étendre (une pâte)	59	
l'étiquette	89	
s'étouffer	49	
étudier	124	
une évaluation	25, 32	
un éventail	25	
évider	59	
un évier	53	
un examen	122	
exigeant	108	
une exigence	108	
une exonération d'impôt	35	
expédier (du courrier)	36	
exploser	49	
exquis	97	
un extra	124	
facile d'accès	12	
façonner	90	
facturer	14	
fade	97	
une faillite	32	
se faire (fromage)	90	
un faisan	76	
un faon	76	
la farce	74	
la farine	95	
la fatigue	113	
être fatigué	112	

une faute (professionnelle)	125	
le faux filet	72	
un faux pli	43	
la femme de chambre	129	
une fenêtre	11	
du fenouil	62	
fer, tôle d'acier	57	
une ferme	11	
fermer	29	
une fermeture (éclair)	45	
une fête	86	
une feuille de chêne	64	
de paye	32	
de présence	125	
feutré	82	
fiabilité	25	
une fiche	32	
un fichier	29, 32	
une figue	66	
du fil	43	
le filet	115	
une filiale	11	
film étirable	62, 93	
un filtre	53, 55	
de la fine (cognac)	99	
des fines herbes	62	
se fissurer	39	
faire flamber	59	
un flan	92	
le flanchet	72	
flâner	115	
un flétan	69	
le foie	74	
foncer (un moule)	59	
faire fondre	59, 80	
un fonds	74	
une fontaine		

à eau chaude	54	gagner		gratuit	109
fonte émaillée	57	(de l'argent)	125	une grenade	67
une fonte/police		une gaine	45	une grève	125
de caractères	29	un gamin	107	grignoter	86
le football	117	un gant		un grill	54
forcer le couvercle		de toilette	22	grillé	94
(pour ouvrir)	62	des gants	40	un grille-pain	54
un forfait	14, 106	jetables	40	griller	59
formater	29	garnir	80	le groin	72
la formation	122	la garniture	88, 92	le groom	129
la forme	118	gastrique	113	une groseille	67
former	122	un gâteau	92	engloutir	85
un formulaire	14	une gaufre	92	un grossiste	26
fortement épicée	87	une gaufrette	92	du gruau	92
une foule	50	de la gelée	74, 92	un grumeau	92
un four	54, 56, 58	gémir	50	guérir	113
une fourchette	55	généreux	101	de la guimauve	96
une fourmi	38	gériatrique	109	s'habiller	
un fourneau	54	la gestion		(pour sortir)	45
un fournisseur	101	(de l'hôtel)	24	hacher	59
frais	69, 90, 97	Le gibier	75	le hall d'accueil	11
une fraise	66	le gigot	73	un handicapé	113
une framboise	66	un gilet	45	un hareng	69
une franchise	11	du gin (génevrier)	99	le haut	
une fraude	32	du gingembre	63	(d'une tenue)	46
frauder le fisc	35	une gousse	63	un haut parleur	110
frémir (cuire		le gîte	72	l'hébergement	
à feu doux)	59	le gîte à la noix	72	avec équipement	
en frêne	18	glacer	59	de cuisine	106
un friand		un glaçon	80	les heures	
(au fromage)	80	un gobelet	79	des repas	86
caramel mou	96	une gomme	110	faire des	
frire/faire frire	59	une gousse	63	heures	
des frites	88	de vanille	92	supplémentaires	122
frotter	37, 59	le goût	90, 96, 97	la hiérarchie	125
frugal	87, 97	goûter	86	le hockey	117
un fruit confit	61	la gouvernante	129	un homard	71
fruité	101	la graisse	109	un(e) homme	
fuir	39	le grand livre	32	(femme)	
un fusible	41	grand teint	43	d'affaires	110
un fût,		le graphisme	29	un homme	
un tonneau	101	une grappe	67	de métier	125
		gratiner	59		

être hors service	39	un interne	122	de secours	110
un hôtel	11, 12	un interrupteur	41	une lance	
l'hôtesse	128	l'inventaire		à incendie	47
d'accueil	129	du linge	43	lancer un produit	26
une hotte	53	investir	26	un landau	107
du houblon	100	un investissement	26	du lard	74
une housse		l'isolation		un lavabo	22
de protection	43	(phonique)	110	une lavallière	46
de téléphone	17	ivre mort	101	se laver	22, 37, 43
de l'huile	65	une jambe		une lavette	40, 56
un huilier	84	(de pantalon)	45	un lave-vaisselle	54
une huître	71	du jambon fumé	74	des légumes verts	64
l'humidité	113	le jambonneau	72	des lentilles	64
un hydromasseur	118	une jarre	56	de la lessive	41
une hypothèque	32	une jatte	56	une lettre	36
ignifuge	47	le jaune d'œuf	71	le levain	94
l'image		un jet	80	lever (la pâte)	94
(de marque)	26	un jeton	16	la levure	100
immangeable	97	un jeu	115	la liaison chaude	61
imposer	35	un jeu		la liaison froide	61
imprimer	29	d'adresse	115	lier (une sauce)	60
un incendie	47	un jeu de boules		le lieu	12
un incident	47	un jeu		un lièvre	76
incliner		de fléchettes	78	la ligne	16
la bouteille	101	un jeu de hasard	117	une limande	69
inconfortable	82	jeûner	86	limoger	125
indemne	49	la joue	72	de la limonade	98
un indicatif	16	un journal	33	le lin	43
une infirmière		le journal		du linge	19
(sur place)	109	des ventes	33	du linge délicat	43
infuser	60	une jupe	45	du linge fragile	43
les ingrédients	80	le jury	122	un livret d'accueil	19
une inhalation	113	au jus de viande	74, 88	un logiciel	29
inonder	39, 48			un logo brodé	46
s'inscrire	29, 122	juteux	66	la longe	72
insérer (la pièce		un kiwi	67	une lotte	69
dans la fente)	16	la laine	43	louer (un	
l'insolvabilité	33	laisser prendre	93	appartement)	106
une insomnie	113	un lait de poule	71	lourd	97
les installations	41, 53	la laitance	71	la lune de miel	106
		une laitue	64	un lustre	19
		une lampe	19, 41	un lycée	122

un macaron	93	
macérer	60	
une machine		
(à café)	54	
la macreuse	74	
un magasin		
(autorisé à vendre des boissons alcoolisées)	98	
magnétophone	110	
magnétoscope	110	
un magret	75	
maigre	74, 90	
la main-d'œuvre	125	
maintenir les prix fermes	26	
fait maison	94, 100	
le maître d'hôtel	128	
maîtriser (une matière)	125	
malaxer	60	
un malaxeur	56	
du malt	100	
une manche	45	
une mandarine	67	
mangeable	97	
manger	86	
une mangue	67	
le manque (de personnel)	125	
un maquereau	69	
se maquiller	22	
en marbre	18	
un marché	26	
la marge (bénéficiaire)	33	
marin (adjectif)	113	
mariné	69	
de la marjolaine	63	
une marmite	56	
marquer	117	
un marteau	110	

un masque (de beauté)	118	
un massage	113	
massepain	93	
mastiquer	86	
un matelas	19	
le matériel	110	
du matériel (d'informatique)	29	
un médecin	113	
mélanger	60	
un melon	67	
la mémoire	29	
mener à bien	125	
de la menthe	63, 93	
le menu	86	
à prix fixe	87	
diététique	113	
un merlan	69	
une mesure	79	
des mets délicats	88	
mettre		
en bouteille	102	
en route	49	
le couvert	82	
les meubles, le mobilier	19	
le micro	16	
un micro (ordinateur)	29	
à micro ondes	54	
un microphone	110	
du miel	93	
une miette	93	
un minuteur	54	
un miroir	22, 71	
la mise en place	82	
modeste	12	
de la moisissure	90	
un moniteur	29, 115	
la monnaie	33	
une montre	49	

la moquette	42	
un morceau avec l'os	74	
de la mort-aux-rats	38	
un mot de passe	30	
un motel	12	
un motif	46	
motiver	26, 125	
une motte (de beurre)	89	
un mouchoir	45	
moudre, broyer	60	
un moule	54, 56, 71	
un moulin à café	54	
poivre	84	
sel	84	
mourir de faim	87	
mousseux	104	
le moût	102	
de la moutarde	65	
un mouton sur pied	74	
un moyen	26, 125	
un mulet	69	
la multipropriété	12	
mûr	66, 102	
une mûre	67	
de la muscade	63	
le muselet	102	
une myrtille	67	
la nageoire	69	
une nappe	83	
napper	60	
la natation	118	
une nèfle	67	
négocier	125	
nerveux	102	
nettoyer	38, 43	
le niveau de vie	125	
la noix	72	
une noix	68	

nommer quelqu'un	125
la note	83
les notes	122
des nouilles	88
nourrir	87
un noyau	67
un nutritionniste	113
le nylon	43
un objectif	26, 125
obligatoires	47
obtenir	
son diplôme	122
les occasions	122
s'occuper (de)	38
s'occuper (soigner	
des vignes)	102
un octet	30
l'odeur	90
l'œnologie	102
les œufs	71
l'offre	
et la demande	26
une oie	75
un oignon	63, 64
oisive	25
de l'ombre	
à paupières	22
l'or	49
de l'orangeade	98
un ordinateur	30
un oreiller	19
les oreilles	72
de l'orge	100
de l'oseille	63
un otage	50
les ouïes	69
un oursin	71
un ouvre boîte	56
ouvrir	30
une paille	79
des paillettes	
(de chocolat)	93
un pain	94, 95
la palette	74
un palier	12
un pamplemousse	67
un panaché	100
paner	60
un panier	
à linge	22
repas	62
la panique	50
un pantalon	45
du papier	
à lettres	19
aluminium	62, 93
sulfurisé	62, 93
du paprika	63
un pardessus	45
du parfum	22, 93, 102
le parrainage	26
une partie	
d'échecs	117
de cartes	117
passable	125
un passe-plat	53
un passe-temps	115
passer	60
à l'eau	
de javel	43
au-dessus	
d'une flamme	60
passer l'aspirateur	38
passer une nuit	
(dans un hôtel)	106
passer, filtrer	80
le passif	33
une passoire	
à légumes	56
à thé	56
pasteurisé	90
une pataugeoire	118
la pâte	95
de la pâte	93
à crêpe	95
une patère	22
des pâtes	88
patiner	117
le patrimoine	106
une pattemouille	43
payer	14
faire payer à	15
la peau	67, 75
un peigne	22
un peignoir	22
la peinture	42
une penderie	19
une pension	12, 33
la pension	
complète	106
un pépin	67
un percepteur	
(d'impôts)	35
une perdrix	76
une période	
(d'essai)	125
le perron	12
du persil	63
une personne	
du 3e âge	108
une personne	
handicapée	109
une personne	
qui ne boit	
jamais d'alcool	102
perspicace	108
du pesticide	38
pétillante	98
le petit déjeuner	87
le petit lait	90
un petit pain	94
une petite	
annonce	125
des petits fours	93

des petits pois	64	
le pétrin	94	
pétrir	60	
la peur	50	
la photocopie	110	
un « piano »	54	
picoler	102	
une pièce		
de monnaie	16	
jointe	36	
le pied	72, 103	
un pigeon	75, 76	
piler	60	
un piment	63	
en pin	19	
une pince		
à épiler	22	
à glace	79	
à sucre	79	
un pinceau		
à pâtisserie	93	
une pincée	80	
une pintade	75	
une pinte	100	
pique (carte)	117	
un pique-nique	87	
une piscine	113, 118	
une pistache	68	
pittoresque	81	
un placard	19	
un plan		
(de formation		
des jeunes)	123	
une planche		
(à pâtisserie)	93	
un plant autorisé	102	
une plaque		
chauffante	54	
du plastique	62	
un plat	56	
le plat principal	87	
un plateau	83	

pleurer	50	
un pli	45	
plier	43	
plongée		
(avec tuba)	118	
un plumeau	41	
une poche	45	
pocher	60	
pochés	71	
un poêlon		
à sucre	56	
un poignet		
de chemise	46	
une pointe	56, 72	
pointer	126	
un pointeur	110	
une poire	67	
un poireau	64	
des pois chiches	64	
un poisson chat	69	
un poissonnier	70	
Les poissons	68	
la poitrine	72, 73, 73	
du poivre	63	
une politique		
(stratégie)	26	
une pomme	67	
une pomme		
au four	93	
des pommes		
de terre	65	
ponctuel	36	
la porcelaine	84	
un porte		
bagages	19	
clefs	14	
couteau	56	
cravates	19	
manteau	22	
serviette	22	
se porter		
(caution)	33	

du porto	99	
une poste	36, 126	
le poste (occupé		
par un employé)	126	
un poste (travail /		
emploi)	126	
un pot / une boîte		
en carton	62	
la poterie	84	
un potiron	65	
une poubelle	22, 53	
de la poudre		
à récurer		
un poulet	75	
un poulpe	70	
un pourboire	82	
un pourcentage	33	
une poussette	107	
un poussin	75	
le pouvoir	26	
le pouvoir		
d'achat	26, 126	
pratiquer	126	
pratiquer		
(la surlocation)	14	
un préavis	126	
les premiers		
secours	51	
prendre qq.		
(en otage)	50	
les préparations	57, 80	
se présenter		
à un examen	123	
pour un		
emploi	126	
un préservateur	93	
un préservatif	38	
presser	91	
un fromage		
citron	80	
la présure	91	

prêt	30
les preuves	50
prévoir	27
une prime	33, 35, 126
pris en charge par la S.S.	113
une prise	70
murale	22
un prix raisonnable	27
un problème	113
un procès verbal	33
produire	91
produire, rapporter	102
des produits	
d'accueil	22
d'entretien	22
laitiers	89
profiter de	106
un programme	30
le programme scolaire	123
progresser	126
un projecteur	110
un projet, projeter, prévoir	27
promouvoir	27
propre	38
le propriétaire (du pub)	78
la propriété (d'une eau, etc.)	113
prospère	27
une prune	67
un pruneau	68
le pub	78
un pub (n'appartenant pas à une brasserie)	78
une puce	30, 39

la pulpe	67
un pupitre	110
de la purée	88
un pyjama	46
quadruple	18
la qualification	126
la qualité	102
la quantité	102
la quantité de cholestérol absorbée	109
un questionnaire	27
la queue	70, 74
une quiche	88
un quignon (de pain)	94
quitter	30
un rabais	33
un rachat (de société)	33
racler	60
raccommoder	43
un radiateur	23
un radis	65
rafraîchir	98
un ragoût	74
une raie	70
du raisin sec	68
ramasser (le linge)	43
un ramequin	56
la randonnée	115
ranger	20, 38, 43
une râpe	56
râper	60
râpeux	91
un rappel automatique	17
un rapport	126
une rascasse	70
se raser	23
rassis	94, 97
un rat	39
ravager	47

le réceptionniste	129
une récession	27
une recette	53
réchauffer	60
recherche et développement	27
Les réclamations	39
la récolte	102
une récompense	12, 126
récompenser	12
un reçu	33
récurer	38
re-démarrer	29
réduire	60
la rééducation	113
réexpédier	36
un réfrigérateur	54
refroidir	60
regarder fixement	50
un registre	33
un régime	112
réglable	119
le règlement (alcools)	103
la reine	117
une reine claude	67
rembourser	33
remettre à jour	30
remplacer	30
remplir	80
remplir les formalités (arrivée/départ)	14
remuer	60
renoncer (à sa carrière)	126
renseignements	16
rentable	26
rentrer (dans ses frais)	33
renverser	80

renvoyer	126	un rôti	74	la saumure	91
réparer	38	rôtir	60	saupoudré	93
un repas		une rôtissoire	54	saupoudrer	60
complet	87	un rouge à lèvres	23	saurer	60
rapide	78	un rouget	70	un saut	
repasser	43, 44	rouillé	39	de ligne	30
la reproduction	111	le rumsteak	72	de page	30
réputé	103	des rutabagas	65	sauter	39, 56, 59
un réseau	30	s'amuser	116	une sauvegarde	30
réserver	14	sablonneux	103	le savoir-faire	103
réserver une table		des sabots	46	du savon	23
pour	83	un sac	46	en poudre	41
les restaurants		un sachet	62	savoureux	97
à thème	81	des sacs poubelle	53	un scanner	30
les restaurants		du safran	63	un seau	
ethniques	81	saignant	74	à champagne	79
la restauration	81	sain	66, 113	à rafraîchir	84
restaurer	12	du saindoux	74	un sèche-	
restaurer		un Saint-Pierre	70	cheveux	23
(des données)	30	une salade	65, 88	mains	39
réussir		un saladier	56, 84	sécher	48, 91
(un examen)	123	un salaire	33, 126	secourir	51
un réveil-matin	20	la salaison	61	un secouriste	51
faire revenir	59	la saleté	39	les secours	51
réviser	126	une salière	84	la secrétaire	129
du rhum	99	une salle		un secteur	27
riche	103, 108	d'aérobic	119	la Sécurité	
rideau	20	de bains	21	Sociale	109
rincer	38, 44, 48	de classe	123	une seiche	70
du ris de veau	74	de jeux		séjourner	
les risques	47	électroniques	117	(dans un hôtel)	107
du riz	89	un salon	12	du sel	63
une robe	46	des salsifis	65	sélectionner	30
une robe		un sanglier	76	la selle	73
de chambre	46, 65	la santé	114	un séminaire	111
un robinet	23, 42	saoul	103	de la semoule	89
la robinetterie	42	de la sarriette	63	une serpillière	41
rocailleux	103	le satin	44	le serveur	128
des rognons	74	une saucière	84	la serveuse	128
le roi (carte)	117	une saucisse	74	le service	82
du romarin	63	de la sauge	63	une serviette	83
un rongeur	39	un saumon	70	servir	83

Entry	Page
servir d'intermédiaire	126
un shaker	79
du shampooing	23
un short	46
le siège social	33
siffler (du vin)	103
signer	15
simple	18
singer	60
un siphon	79
du sirop	93
siroter	103
le ski	116
un skieur	116
un slip	46
un smoking	46
sobre	103
la soie	44
la soif	87
un soin	114
du soja	65
le sol	103
un solarium	119
un solde	33
une sole	70
la solvabilité	34
le sommelier	128
sommier	19
un sondage	27
la sonde (à fromage)	91
un sorbet	93
sortie	30
une sortie (de secours)	47
une souche (de chèque)	34
une soucoupe	57, 84
la souffrance	114
le soulagement	114
soulever (un poids)	119
le souper	87
une soupière	84
une source thermale	114
une souris	31, 39
la sous noix	73
un sous-sol	13
un soutien gorge	46
des spaghetti	89
un sportif	116
un standard	16
le/la standardiste	129
la stérilisation	61
la stimulation	127
stimuler	127
un store	20
stratégique	28
le stress	114
un stylo	20
subtil	103
du sucre glace	94
sucrer	60
les sucreries	96
faire suer	59
une suite	20
un supplément	15, 34
surgeler	61
un syndicaliste	127
un syndicat	127
synthétique	44
un système (de communications orales)	111
une table	83, 104
un tableau	31, 111
une tablette	23
un tablier	46
une tache	44
une taie d'oreiller	20
de traversin	20
un tamis	57
un tampon (périodique)	39
le tanin	103
tapisserie murs	82
sièges	82
un tarif	34
une tasse	57, 84
le taux d'échange	15
taxe	35
teck	19
teindre	44
télécommande	111
un télégramme	37
un téléphone automatique	16
mains libres	17
témoigner	50
un témoin lumineux	17
oculaire	50
le tendron	73
la teneur (en alcool)	99
tentures	82
une tenue	47
le terrain (de football)	117
une terrasse	13
terre cuite	57
le terrorisme	50
la tête	72
une tétine	107
thalassothérapie	114
le thé dînatoire	87
la théorie	127
une thérapie	114
thermal	114
les thermes	114
un thon	70
du thym	63

tiède	42	
un timbre	20, 37	
un tire bouchon	57	
un tiroir	20	
du tissu	44	
une tomate	65, 88	
tonifiant	114	
tonique (adjectif)	114	
un tonneau	57	
se tordre		
la cheville	130	
une touche	31	
un tour de cou	47	
un touriste	108	
le tournant	128	
traire	91	
un trait		
(angostura)	80	
un traitement	114	
traiter	91	
une tranche		
de lard	74	
une transaction	28	
un transat	119	
transformé	12	
le transitaire	34	
transmettre		
un message	17	
des transparents	111	
(avoir du) travail		
en retard	123	
travailler		
(comme)	127	
(faire) travailler		
(les muscles)	118	
travailleur (adj.)	127	
un traversin	20	
trèfle	117	
être trempé	39	
tremper	61, 80	
le trésorier	34	
le tri du courrier	37	

trier	44	
une tringle		
(à rideau)	20	
des tripes	74	
triple	18	
un trombone	111	
un trou	116	
une trousse		
(de manucure)	23	
une truite	70	
un turbot	70	
un tuyau	42	
l'uniforme	46	
l'université	123	
une urgence	39	
urgent	37	
les ustensiles	55	
utilisation		
en heures		
creuses	17	
un vacancier	116	
une vague		
de prospérité	28	
la vaisselle	83	
la vapeur	44, 58, 114	
un veau sur pied	75	
le velours côtelé	44	
vendanger	103	
une vente	28	
vérifier	15	
vérifier et certifier		
les comptes	34	
un verre	23, 57, 79, 103	
verser	61, 80	
une veste	46	
le vestiaire	13	
la viande	72, 73, 74, 84, 88	
vieillir (vin)	103	
un village		

vacances	116	
vin	44, 100, 103	
du vin		
cuit	99	
de Xérès	99	
rouge		
de Bordeaux	104	
du vinaigre de vin	65	
un visiteur		
étranger	108	
la voile	118	
en voiture	114	
le voiturier	129	
le vol	48	
un vol à la tire	48	
la volaille	75	
un volailler	75	
un volet	20	
un voleur	48	
du whisky	99	
un wok	57	
un yaourt	91	

Achevé d'imprimer en mai 2012 par EMD S.A.S. (France)
N° éditeur : 2011/2521 - Dépôt légal : août 2009
N° d'imprimeur : 26606

- 20 vingt / 30 trent
- 40 quarante / 50 cinquante
- 60 soixante } 70 soixante-dix
- quatre-vingt 80 un
- 90 quatre-vingt-onze